תנ״ך קורן הסיפור המצויר

TANAKH DE KOREN
RÉCIT GRAPHIQUE

ESTHER • אסתר

JORDAN B. GORFINKEL
Concepteur & Auteur

YAEL NATHAN
Dessinatrice

LÜBBA WINTZER
Traductrice

ירושלים
KOREN

Récit graphique Esther
Première Édition Hébreu/Français © 2024

Koren Publishers Jerusalem Ltd.
POB 2022, Jérusalem 91040, ISRAËL
POB 8531, New Milford, CT 06776, ÉTATS-UNIS

www.korenpub.com
www.korenpub.co.il
www.korenpub.eu

Livre relié, ISBN 978-965-7767-81-8

Imprimé en TURQUIE

EGN01

ברכות המגילה
LECTURE DE LA MÉGUILA

Avant la lecture de la Méguila d'Esther, l'assemblée se lève et le Lecteur prononce les trois bénédictions suivantes:

בָּרוּךְ אַתָּה יהוה אֱלֹהֵינוּ מֶלֶךְ הָעוֹלָם
אֲשֶׁר קִדְּשָׁנוּ בְּמִצְוֹתָיו וְצִוָּנוּ עַל מִקְרָא מְגִלָּה.

בָּרוּךְ אַתָּה יהוה אֱלֹהֵינוּ מֶלֶךְ הָעוֹלָם
שֶׁעָשָׂה נִסִּים לַאֲבוֹתֵינוּ בַּיָּמִים הָהֵם בַּזְּמַן הַזֶּה.

בָּרוּךְ אַתָּה יהוה אֱלֹהֵינוּ מֶלֶךְ הָעוֹלָם
שֶׁהֶחֱיָנוּ וְקִיְּמָנוּ וְהִגִּיעָנוּ לַזְּמַן הַזֶּה.

Béni sois-Tu, Éternel, notre Dieu, Roi de l'Univers, qui nous a sanctifiés par Ses commandements et nous a prescrit la lecture de la Méguila.

Béni sois-Tu, Éternel, notre Dieu, Roi de l'Univers, qui a opéré des miracles pour nos ancêtres en leur temps, en ces temps-là.

Béni sois-Tu, Éternel, notre Dieu, Roi de l'Univers, qui nous a donné la vie, nous a soutenus et nous a permis d'atteindre ce moment.

CHAPITRE 1

ויהי בימי אחשורוש
1 Ces faits eurent lieu au temps d'Assuérus--

א וַיְהִי

בִּימֵי

אֲחַשְׁוֵרוֹשׁ

Assuérus, qui régnait sur 127 provinces, de l'Inde à l'Éthiopie.
2 En ce temps-là, le roi Assuérus était assis sur son trône royal à Suse, l'une des capitales impériales.

הֽוּא אֲחַשְׁוֵר֔וֹשׁ
הַמֹּלֵךְ֙ מֵהֹ֣דּוּ וְעַד־כּ֔וּשׁ
שֶׁ֛בַע וְעֶשְׂרִ֥ים וּמֵאָ֖ה מְדִינָֽה׃

ב בַּיָּמִ֖ים הָהֵ֑ם
כְּשֶׁ֣בֶת ׀ הַמֶּ֣לֶךְ אֲחַשְׁוֵר֗וֹשׁ
עַ֚ל כִּסֵּ֣א מַלְכוּת֔וֹ
אֲשֶׁ֖ר בְּשׁוּשַׁ֥ן הַבִּירָֽה׃

ג בִּשְׁנַ֤ת שָׁלוֹשׁ֙ לְמָלְכ֔וֹ
עָשָׂ֣ה מִשְׁתֶּ֔ה לְכָל־שָׂרָ֖יו וַעֲבָדָ֑יו
חֵ֣יל ׀ פָּרַ֣ס וּמָדַ֗י
הַֽפַּרְתְּמִ֛ים וְשָׂרֵ֥י הַמְּדִינ֖וֹת לְפָנָֽיו׃

ד בְּהַרְאֹת֗וֹ אֶת־עֹ֙שֶׁר֙ כְּב֣וֹד מַלְכוּת֔וֹ
וְאֶת־יְקָ֕ר תִּפְאֶ֖רֶת גְּדוּלָּת֑וֹ
יָמִ֣ים רַבִּ֔ים שְׁמוֹנִ֥ים וּמְאַ֖ת יֽוֹם׃

ה וּבִמְל֣וֹאת ׀ הַיָּמִ֣ים הָאֵ֗לֶּה
עָשָׂ֣ה הַ֠מֶּלֶךְ לְכָל־הָעָ֨ם
הַנִּמְצְאִ֜ים בְּשׁוּשַׁ֣ן הַבִּירָ֗ה
לְמִגָּ֧דוֹל וְעַד־קָטָ֛ן
מִשְׁתֶּ֖ה שִׁבְעַ֣ת יָמִ֑ים
בַּחֲצַ֕ר גִּנַּ֥ת בִּיתַ֖ן הַמֶּֽלֶךְ׃

ו חוּר ׀ כַּרְפַּס וּתְכֵלֶת אָחוּז בְּחַבְלֵי־בוּץ וְאַרְגָּמָן
עַל־גְּלִילֵי כֶסֶף וְעַמּוּדֵי שֵׁשׁ

מִטּ֣וֹת ׀ זָהָ֣ב וָכֶ֗סֶף
עַ֛ל רִֽצְפַ֥ת בַּהַט־וָשֵׁ֖שׁ וְדַ֥ר וְסֹחָֽרֶת׃

7 Les convives buvaient dans des coupes en or...
... d'une valeur inestimable...
... du vin royal, servi en une abondance égale à la munificence du roi.
8 Les boissons étaient servies à volonté, car le roi avait ordonné de combler les désirs de chacun.
9 En même temps, la reine Vasthi tenait un banquet pour les femmes dans le palais du roi Assuérus.
10 Et au septième jour, le roi, échauffé par le vin...
... ordonna à Mehoumane, Bizzèta, 'Harvona, Bigta et Avagta, Zêtar et Carcass, les sept eunuques au service du roi Assuérus...
11 FAITES VENIR LA REINE VASTHI, PARÉE DE SA COURONNE ROYALE, JE VEUX LA PRÉSENTER AU PEUPLE ET AUX SEIGNEURS !
CAR ELLE EST D'UNE BEAUTÉ ÉBLOUISSANTE.

ז וְהַשְׁקוֹת֙ בִּכְלֵ֣י זָהָ֔ב
וְכֵלִ֖ים מִכֵּלִ֣ים שׁוֹנִ֑ים
וְיֵ֥ין מַלְכ֛וּת רָ֖ב כְּיַ֥ד הַמֶּֽלֶךְ׃

ח וְהַשְּׁתִיָּ֥ה כַדָּ֖ת אֵ֣ין אֹנֵ֑ס
כִּי־כֵ֣ן ׀ יִסַּ֣ד הַמֶּ֗לֶךְ עַ֚ל כָּל־רַ֣ב בֵּית֔וֹ
לַעֲשׂ֖וֹת כִּרְצ֥וֹן אִישׁ־וָאִֽישׁ׃

ט גַּ֚ם וַשְׁתִּ֣י הַמַּלְכָּ֔ה
עָשְׂתָ֖ה מִשְׁתֵּ֣ה נָשִׁ֑ים בֵּ֚ית הַמַּלְכ֔וּת
אֲשֶׁ֖ר לַמֶּ֥לֶךְ אֲחַשְׁוֵרֽוֹשׁ׃

י בַּיּוֹם֙ הַשְּׁבִיעִ֔י כְּט֥וֹב לֵב־הַמֶּ֖לֶךְ בַּיָּ֑יִן
אָמַ֡ר לִ֠מְהוּמָן בִּזְּתָ֨א חַרְבוֹנָ֜א
בִּגְתָ֤א וַאֲבַגְתָא֙ זֵתַ֣ר וְכַרְכַּ֔ס
שִׁבְעַת֙ הַסָּ֣רִיסִ֔ים
הַמְשָׁ֣רְתִ֔ים אֶת־פְּנֵ֖י הַמֶּ֥לֶךְ אֲחַשְׁוֵרֽוֹשׁ׃

יא לְ֠הָבִיא אֶת־וַשְׁתִּ֧י הַמַּלְכָּ֛ה לִפְנֵ֥י הַמֶּ֖לֶךְ
בְּכֶ֣תֶר מַלְכ֑וּת
לְהַרְא֨וֹת הָֽעַמִּ֤ים וְהַשָּׂרִים֙ אֶת־יָפְיָ֔הּ
כִּֽי־טוֹבַ֥ת מַרְאֶ֖ה הִֽיא׃

12 Mais la reine Vasthi refusa d'obéir à l'ordre du roi...
... transmis par les eunuques.
Contrarié, le roi entra dans une rage folle.
13 Il fit appel à ses plus sages conseillers, car il était d'usage à l'époque de consulter des experts en loi et en droit...
14 ... Ces derniers se nommaient Carchèna, Chêtar, Admata, Tarchich, Mérés, Marsèna et Mémoukhane, sept seigneurs de Perse et de Médie, qui s'approchaient librement du roi et occupaient les plus hautes fonctions dans le royaume.
15 QUE PRÉVOIT LA LOI POUR LA REINE VASTHI...
... POUR AVOIR DÉSOBEI À L'ORDRE QUE LES EUNUQUES LUI ONT TRANSMIS ?

יב וַתְּמָאֵ֞ן הַמַּלְכָּ֣ה וַשְׁתִּ֗י
לָבוֹא֙ בִּדְבַ֣ר הַמֶּ֔לֶךְ
אֲשֶׁ֖ר בְּיַ֣ד הַסָּרִיסִ֑ים
וַיִּקְצֹ֤ף הַמֶּ֙לֶךְ֙ מְאֹ֔ד
וַחֲמָת֖וֹ בָּעֲרָ֥ה בֽוֹ׃

יג וַיֹּ֣אמֶר הַמֶּ֔לֶךְ לַחֲכָמִ֖ים יֹדְעֵ֣י הָעִתִּ֑ים
כִּי־כֵן֙ דְּבַ֣ר הַמֶּ֔לֶךְ
לִפְנֵ֕י כָּל־יֹדְעֵ֖י דָּ֥ת וָדִֽין׃

יד וְהַקָּרֹ֣ב אֵלָ֗יו
כַּרְשְׁנָ֤א שֵׁתָר֙ אַדְמָ֣תָא תַרְשִׁ֔ישׁ
מֶ֥רֶס מַרְסְנָ֖א מְמוּכָ֑ן
שִׁבְעַ֞ת שָׂרֵ֣י ׀ פָּרַ֣ס וּמָדַ֗י
רֹאֵי֙ פְּנֵ֣י הַמֶּ֔לֶךְ
הַיֹּשְׁבִ֥ים רִאשֹׁנָ֖ה בַּמַּלְכֽוּת׃

טו כְּדָת֙ מַֽה־לַּעֲשׂ֔וֹת בַּמַּלְכָּ֖ה וַשְׁתִּ֑י
עַ֣ל ׀ אֲשֶׁ֣ר לֹֽא־עָשְׂתָ֗ה
אֶֽת־מַאֲמַר֙ הַמֶּ֣לֶךְ אֲחַשְׁוֵר֔וֹשׁ
בְּיַ֖ד הַסָּרִיסִֽים׃

16 Et Mémoukhane répondit au roi et aux seigneurs--
VASTHI N'A PAS SEULEMENT CAUSÉ DU TORT AU ROI...
... MAIS AUSSI À TOUS LES SEIGNEURS ET TOUS LES HOMMES DANS TOUTES LES PROVINCES DU ROI ASSUÉRUS.
17 CAR CET INCIDENT PARVIENDRA AUX OREILLES DE TOUTES LES FEMMES QUI ACCABLERONT ALORS LEURS MARIS DE LEUR MÉPRIS EN DISANT--
« LE ROI ASSUÉRUS A ORDONNÉ QU'ON AMÈNE LA REINE VASTHI EN SA PRÉSENCE, MAIS ELLE N'EST PAS VENUE !
18 « OUI, AUJOURD'HUI MÊME, TOUTES LES GRANDES DAMES DE PERSE ET DE MÉDIE, QUI AURONT EU VENT DE LA CONDUITE DE LA REINE...
« ... LE RAPPORTERONT AUX DIGNITAIRES DU ROI ET IL SERA IMPOSSIBLE DE METTRE FIN AU MÉPRIS ET À LA FUREUR. »
19 DONC, S'IL PLAÎT AU ROI...
... QU'IL PROMULGUE UN DÉCRET QUI SERA INSCRIT PARMI LES LOIS IMPRESCRIPTIBLES DE PERSE ET DE MÉDIE...

טז וַיֹּאמֶר מומכן לִפְנֵי הַמֶּלֶךְ וְהַשָּׂרִים מְמוּכָן
לֹא עַל־הַמֶּלֶךְ לְבַדּוֹ עָוְתָה וַשְׁתִּי הַמַּלְכָּה
כִּי עַל־כָּל־הַשָּׂרִים וְעַל־כָּל־הָעַמִּים
אֲשֶׁר בְּכָל־מְדִינוֹת הַמֶּלֶךְ אֲחַשְׁוֵרוֹשׁ׃

יז כִּי־יֵצֵא דְבַר־הַמַּלְכָּה עַל־כָּל־הַנָּשִׁים
לְהַבְזוֹת בַּעְלֵיהֶן בְּעֵינֵיהֶן
בְּאָמְרָם
הַמֶּלֶךְ אֲחַשְׁוֵרוֹשׁ אָמַר
לְהָבִיא אֶת־וַשְׁתִּי הַמַּלְכָּה לְפָנָיו
וְלֹא־בָאָה׃

יח וְהַיּוֹם הַזֶּה תֹּאמַרְנָה ׀ שָׂרוֹת פָּרַס־וּמָדַי
אֲשֶׁר שָׁמְעוּ אֶת־דְּבַר הַמַּלְכָּה
לְכֹל שָׂרֵי הַמֶּלֶךְ וּכְדַי בִּזָּיוֹן וָקָצֶף׃

יט אִם־עַל־הַמֶּלֶךְ טוֹב
יֵצֵא דְבַר־מַלְכוּת מִלְּפָנָיו
וְיִכָּתֵב בְּדָתֵי פָרַס־וּמָדַי וְלֹא יַעֲבוֹר

« ... ORDONNANT QUE VASTHI NE PARAISSE PLUS DEVANT LE ROI ASSUÉRUS...
« ET SOIT REMPLACÉE...
« ... PAR UNE MEILLEURE FEMME QU'ELLE.
20 « LE DÉCRET ROYAL SERA PUBLIÉ JUSQU'AU COIN LE PLUS RECULÉ DU VASTE EMPIRE ...
« ... ET TOUTES LES FEMMES SAURONT QU'ELLES SONT TENUES D'HONORER LEURS MARIS, DU PLUS ÉMINENT AU PLUS HUMBLE. »
21 La proposition de Mémoukhane plut au roi et aux dignitaires et le roi l'agréa.
22 Le décret fut envoyé à toutes les provinces royales...
... à chaque province, selon son écriture...
... et à chaque nation, selon sa langue...
... pour que chacun sache que tout homme doit être maître chez lui et parler dans la langue de sa nation.

אֲשֶׁר֩ לֹֽא־תָב֨וֹא וַשְׁתִּ֜י
לִפְנֵי֙ הַמֶּ֣לֶךְ אֲחַשְׁוֵר֔וֹשׁ
וּמַלְכוּתָהּ֙ יִתֵּ֣ן הַמֶּ֔לֶךְ
לִרְעוּתָ֖הּ הַטּוֹבָ֥ה מִמֶּֽנָּה׃

כ וְנִשְׁמַע֩ פִּתְגָ֨ם הַמֶּ֜לֶךְ
אֲשֶׁר־יַעֲשֶׂה֙ בְּכָל־מַלְכוּת֔וֹ כִּ֥י רַבָּ֖ה הִ֑יא
וְכָל־הַנָּשִׁ֗ים יִתְּנ֤וּ יְקָר֙ לְבַעְלֵיהֶ֔ן
לְמִגָּד֖וֹל וְעַד־קָטָֽן׃

כא וַיִּיטַב֙ הַדָּבָ֔ר בְּעֵינֵ֥י הַמֶּ֖לֶךְ וְהַשָּׂרִ֑ים
וַיַּ֥עַשׂ הַמֶּ֖לֶךְ כִּדְבַ֥ר מְמוּכָֽן׃

כב וַיִּשְׁלַ֤ח סְפָרִים֙ אֶל־כָּל־מְדִינ֣וֹת הַמֶּ֔לֶךְ
אֶל־מְדִינָ֤ה וּמְדִינָה֙ כִּכְתָבָ֔הּ
וְאֶל־עַ֥ם וָעָ֖ם כִּלְשׁוֹנ֑וֹ
לִהְי֤וֹת כָּל־אִישׁ֙ שֹׂרֵ֣ר בְּבֵית֔וֹ
וּמְדַבֵּ֖ר כִּלְשׁ֥וֹן עַמּֽוֹ׃

CHAPITRE 2

1 Quelque temps plus tard, une fois sa colère apaisée...
... Assuérus se souvint de Vasthi, de sa mauvaise conduite et des sanctions prises contre elle.
2 Ses plus proches serviteurs dirent :
QU'ON RECHERCHE POUR LE ROI DE JEUNES ET BELLES VIERGES...
3 « ... QUE LE ROI DÉSIGNE DES FONCTIONNAIRES DANS TOUTES LES PROVINCES DE SON ROYAUME...
« ... POUR CHOISIR CES BELLES JEUNES FILLES...
« ... ET LES RASSEMBLER À SUSE, LA CAPITALE...
« ... OÙ ELLES VIVRONT DANS LE HAREM, SOUS L'AUTORITÉ DE HÉGAÏ, L'EUNUQUE DU ROI, GARDIEN DES FEMMES, POUR Y RECEVOIR LEURS ONGUENTS. »
4 ET LA JEUNE FILLE QUE LE ROI PRÉFÉRERA DEVIENDRA REINE À LA PLACE DE VASTHI !
Cette suggestion plut au roi et c'est ce qu'il fit.

א אַחַר֙ הַדְּבָרִ֣ים הָאֵ֔לֶּה
כְּשֹׁ֕ךְ חֲמַ֖ת הַמֶּ֣לֶךְ אֲחַשְׁוֵר֑וֹשׁ
זָכַ֤ר אֶת־וַשְׁתִּי֙ וְאֵ֣ת אֲשֶׁר־עָשָׂ֔תָה
וְאֵ֥ת אֲשֶׁר־נִגְזַ֖ר עָלֶֽיהָ׃

ב וַיֹּאמְר֥וּ נַעֲרֵי־הַמֶּ֖לֶךְ מְשָׁרְתָ֑יו
יְבַקְשׁ֥וּ לַמֶּ֛לֶךְ נְעָר֥וֹת בְּתוּל֖וֹת
טוֹב֥וֹת מַרְאֶֽה׃

ג וְיַפְקֵ֨ד הַמֶּ֥לֶךְ פְּקִידִים֮
בְּכָל־מְדִינ֣וֹת מַלְכוּתוֹ֒
וְיִקְבְּצ֣וּ אֶת־כָּל־נַעֲרָֽה־בְתוּלָ֠ה
טוֹבַ֨ת מַרְאֶ֜ה אֶל־שׁוּשַׁ֤ן הַבִּירָה֙
אֶל־בֵּ֣ית הַנָּשִׁ֔ים
אֶל־יַ֥ד הֵגֶ֛א סְרִ֥יס הַמֶּ֖לֶךְ שֹׁמֵ֣ר הַנָּשִׁ֑ים
וְנָת֖וֹן תַּמְרֻקֵיהֶֽן׃

ד וְהַֽנַּעֲרָ֗ה אֲשֶׁ֤ר תִּיטַב֙ בְּעֵינֵ֣י הַמֶּ֔לֶךְ
תִּמְלֹ֖ךְ תַּ֣חַת וַשְׁתִּ֑י
וַיִּיטַ֧ב הַדָּבָ֛ר בְּעֵינֵ֥י הַמֶּ֖לֶךְ וַיַּ֥עַשׂ כֵּֽן׃

5 À Suse, la capitale, vivait un homme qui s'appelait Mardochée...
... fils de Yaïr...
... fils de Chimi...
... fils de Kich...
... de la tribu de Benjamin.
6 Il avait été expulsé de Jérusalem...
... parmi d'autres captifs comme lui, dont Iéconia, roi de Juda...
... par Nabuchodonosor, le roi de Babylone.

ה אִ֣ישׁ יְהוּדִ֔י
הָיָ֖ה בְּשׁוּשַׁ֣ן הַבִּירָ֑ה
וּשְׁמ֣וֹ מָרְדֳּכַ֗י
בֶּ֣ן יָאִ֧יר
בֶּן־שִׁמְעִ֛י
בֶּן־קִ֖ישׁ
אִ֥ישׁ יְמִינִֽי׃

ו אֲשֶׁ֤ר הָגְלָה֙ מִיר֣וּשָׁלַ֔יִם
עִם־הַגֹּלָה֙ אֲשֶׁ֣ר הָגְלְתָ֔ה
עִ֖ם יְכָנְיָ֣ה מֶֽלֶךְ־יְהוּדָ֑ה
אֲשֶׁ֣ר הֶגְלָ֔ה
נְבוּכַדְנֶצַּ֖ר מֶ֥לֶךְ בָּבֶֽל׃

7 Mardochée était le tuteur de Hadassa-- autrement dit Esther-- la fille de son oncle, car elle était orpheline de père et de mère.
La jeune fille était belle et charmante...
... et, à la mort de ses parents...
... Mardochée l'avait adoptée et élevée comme sa propre fille.
8 Quand le décret du roi fut appliqué et qu'un grand nombre de jeunes filles fut rassemblé sous l'autorité de Hégaï...
... Esther aussi fut emmenée au palais du roi et prise en charge par Hégaï, gardien des femmes.
9 La jeune femme trouva grâce auprès d'Hégaï qui s'empressa de lui fournir tous ses onguents, ses repas, ainsi que les sept jeunes suivantes qui lui étaient attribuées par le palais royal...
... et il logea Esther et ses suivantes dans le meilleur appartement du harem royal.
10 Esther ne fit allusion ni à son peuple ni à ses origines, car Mardochée lui avait fait jurer de n'en rien dévoiler.
11 Et tous les jours, Mardochée se promenait aux alentours du harem, afin de s'assurer qu'Esther allait bien et était bien traitée.

ז וַיְהִ֨י אֹמֵ֜ן אֶת־הֲדַסָּ֗ה הִ֤יא אֶסְתֵּר֙ בַּת־דֹּד֔וֹ
כִּ֛י אֵ֥ין לָ֖הּ אָ֣ב וָאֵ֑ם
וְהַנַּעֲרָ֤ה יְפַת־תֹּ֙אַר֙ וְטוֹבַ֣ת מַרְאֶ֔ה
וּבְמ֤וֹת אָבִ֙יהָ֙ וְאִמָּ֔הּ לְקָחָ֧הּ מָרְדֳּכַ֛י ל֖וֹ לְבַֽת׃

ח וַיְהִ֗י בְּהִשָּׁמַ֤ע דְּבַר־הַמֶּ֙לֶךְ֙ וְדָת֔וֹ
וּֽבְהִקָּבֵ֞ץ נְעָר֥וֹת רַבּ֛וֹת
אֶל־שׁוּשַׁ֥ן הַבִּירָ֖ה אֶל־יַ֣ד הֵגָ֑י
וַתִּלָּקַ֤ח אֶסְתֵּר֙ אֶל־בֵּ֣ית הַמֶּ֔לֶךְ
אֶל־יַ֥ד הֵגַ֖י שֹׁמֵ֥ר הַנָּשִֽׁים׃

ט וַתִּיטַ֨ב הַנַּעֲרָ֣ה בְעֵינָיו֮ וַתִּשָּׂ֣א חֶ֣סֶד לְפָנָיו֒
וַ֠יְבַהֵל אֶת־תַּמְרוּקֶ֤יהָ וְאֶת־מָנוֹתֶ֙הָ֙ לָתֵ֣ת לָ֔הּ
וְאֵת֙ שֶׁ֣בַע הַנְּעָר֔וֹת הָרְאֻי֥וֹת לָֽתֶת־לָ֖הּ מִבֵּ֣ית הַמֶּ֑לֶךְ
וַיְשַׁנֶּ֧הָ וְאֶת־נַעֲרוֹתֶ֛יהָ לְט֖וֹב בֵּ֥ית הַנָּשִֽׁים׃

י לֹא־הִגִּ֣ידָה אֶסְתֵּ֔ר אֶת־עַמָּ֖הּ וְאֶת־מֽוֹלַדְתָּ֑הּ
כִּ֧י מָרְדֳּכַ֛י צִוָּ֥ה עָלֶ֖יהָ אֲשֶׁ֥ר לֹֽא־תַגִּֽיד׃

יא וּבְכָל־י֣וֹם וָי֔וֹם מָרְדֳּכַי֙ מִתְהַלֵּ֔ךְ
לִפְנֵ֖י חֲצַ֣ר בֵּית־הַנָּשִׁ֑ים
לָדַ֙עַת֙ אֶת־שְׁל֣וֹם אֶסְתֵּ֔ר וּמַה־יֵּעָשֶׂ֖ה בָּֽהּ׃

12 Chaque jeune fille à son tour, après douze mois de soins de beauté...
... délai nécessaire pour leur toilette : six mois de massages avec de l'huile de myrrhe, six mois avec des baumes parfumés et autres onguents féminins...
13 ... se présentait devant le roi. Tout ce qu'elle désirait emporter avec elle lui était accordé.
14 Elle entrait le soir...
... et...
... le matin elle retournait au harem royal...
... placée désormais sous l'autorité de Chaachgaz, eunuque du roi, gardien des concubines.
Puis, elle ne retournait plus auprès du roi...
... sauf s'il la désirait et l'appelait nommément.

יב וּבְהַגִּ֡יעַ תֹּר֩ נַעֲרָ֨ה וְנַעֲרָ֜ה
לָב֣וֹא ׀ אֶל־הַמֶּ֣לֶךְ אֲחַשְׁוֵר֗וֹשׁ
מִקֵּץ֙ הֱי֨וֹת לָ֜הּ כְּדָ֤ת הַנָּשִׁים֙
שְׁנֵ֣ים עָשָׂ֣ר חֹ֔דֶשׁ
כִּ֛י כֵּ֥ן יִמְלְא֖וּ יְמֵ֣י מְרוּקֵיהֶ֑ן
שִׁשָּׁ֤ה חֳדָשִׁים֙ בְּשֶׁ֣מֶן הַמֹּ֔ר
וְשִׁשָּׁ֤ה חֳדָשִׁים֙ בַּבְּשָׂמִ֔ים
וּבְתַמְרוּקֵ֖י הַנָּשִֽׁים׃

יג וּבָזֶ֕ה הַֽנַּעֲרָ֖ה בָּאָ֣ה אֶל־הַמֶּ֑לֶךְ
אֵת֩ כָּל־אֲשֶׁ֨ר תֹּאמַ֜ר יִנָּ֤תֵֽן לָהּ֙
לָב֣וֹא עִמָּ֔הּ מִבֵּ֥ית הַנָּשִׁ֖ים
עַד־בֵּ֥ית הַמֶּֽלֶךְ׃

יד בָּעֶ֣רֶב ׀ הִ֣יא בָאָ֗ה
וּ֠בַבֹּקֶר הִ֣יא שָׁבָ֞ה אֶל־בֵּ֤ית הַנָּשִׁים֙ שֵׁנִ֔י
אֶל־יַ֛ד שַֽׁעַשְׁגַ֥ז
סְרִ֥יס הַמֶּ֖לֶךְ שֹׁמֵ֣ר הַפִּֽילַגְשִׁ֑ים
לֹא־תָב֥וֹא עוֹד֙ אֶל־הַמֶּ֔לֶךְ
כִּ֣י אִם־חָפֵ֥ץ בָּ֛הּ הַמֶּ֖לֶךְ
וְנִקְרְאָ֥ה בְשֵֽׁם׃

15 Lorsque le tour d'Esther, fille d'Abihaïl, oncle de Mardochée qui avait élevé Esther comme sa propre fille, fut venu de se présenter devant le roi...
... elle ne voulut rien emporter...
... sauf ce que Hégaï, l'eunuque du roi, gardien des femmes, lui conseilla.
Pourtant, Esther...
... trouvait grâce aux yeux de tous.

טו וּבְהַגִּ֣יעַ תֹּֽר־אֶסְתֵּ֣ר
בַּת־אֲבִיחַ֣יִל ׀ דֹּ֣ד מָרְדֳּכַ֡י
אֲשֶׁר֩ לָֽקַח־ל֨וֹ לְבַ֜ת
לָב֣וֹא אֶל־הַמֶּ֗לֶךְ
לֹ֤א בִקְשָׁה֙ דָּבָ֔ר
כִּ֗י אִ֚ם אֶת־אֲשֶׁ֥ר יֹאמַ֛ר
הֵגַ֥י סְרִֽיס־הַמֶּ֖לֶךְ שֹׁמֵ֣ר הַנָּשִׁ֑ים
וַתְּהִ֤י אֶסְתֵּר֙ נֹשֵׂ֣את חֵ֔ן
בְּעֵינֵ֖י כָּל־רֹאֶֽיהָ׃

16 Esther fut conduite au palais royal au cours du dixième mois, le mois de Tébêt, dans la septième année du règne d'Assuérus.

טז וַתִּלָּקַ֨ח אֶסְתֵּ֜ר
אֶל־הַמֶּ֣לֶךְ אֲחַשְׁוֵר֗וֹשׁ
אֶל־בֵּ֣ית מַלְכוּת֔וֹ
בַּחֹ֥דֶשׁ הָעֲשִׂירִ֖י
הוּא־חֹ֣דֶשׁ טֵבֵ֑ת
בִּשְׁנַת־שֶׁ֖בַע לְמַלְכוּתֽוֹ׃

יז וַיֶּאֱהַ֨ב הַמֶּ֤לֶךְ אֶת־אֶסְתֵּר֙
מִכָּל־הַנָּשִׁ֔ים
וַתִּשָּׂא־חֵ֥ן וָחֶ֛סֶד לְפָנָ֖יו
מִכָּל־הַבְּתוּל֑וֹת

17 Et le roi préféra Esther
à toutes les autres...

Il plaça la couronne royale sur sa tête...
... et la fit reine à la place de Vasthi...
18 Et le roi donna alors un grand festin pour tous ses dignitaires et courtisans.
LE FESTIN D'ESTHER !
Il accorda aux provinces une réduction de leurs taxes et leur offrit des cadeaux dignes de sa munificence.

וַיָּ֤שֶׂם כֶּֽתֶר־מַלְכוּת֙ בְּרֹאשָׁ֔הּ
וַיַּמְלִיכֶ֖הָ תַּ֥חַת וַשְׁתִּֽי׃

יח וַיַּ֨עַשׂ הַמֶּ֜לֶךְ מִשְׁתֶּ֣ה גָד֗וֹל
לְכָל־שָׂרָיו֙ וַעֲבָדָ֔יו
אֵ֖ת מִשְׁתֵּ֣ה אֶסְתֵּ֑ר
וַהֲנָחָ֤ה לַמְּדִינוֹת֙ עָשָׂ֔ה
וַיִּתֵּ֥ן מַשְׂאֵ֖ת כְּיַ֥ד הַמֶּֽלֶךְ׃

19 Lorsque les jeunes filles furent rassemblées...
... une deuxième fois (?!)...
... Mardochée...
... était assis...
... devant la porte du roi.
20 Esther n'avait rien révélé de son origine ni de son peuple...
... comme Mardochée le lui avait recommandé--

יט וּבְהִקָּבֵ֥ץ בְּתוּל֖וֹת שֵׁנִ֑ית
וּמָרְדֳּכַ֖י יֹשֵׁ֥ב בְּשַֽׁעַר־הַמֶּֽלֶךְ׃

כ אֵ֣ין אֶסְתֵּ֗ר מַגֶּ֤דֶת מֽוֹלַדְתָּהּ֙ וְאֶת־עַמָּ֔הּ
כַּאֲשֶׁ֛ר צִוָּ֥ה עָלֶ֖יהָ מָרְדֳּכָ֑י

... car Esther respectait toujours les instructions de Mardochée...
... comme elle le faisait quand elle était sous sa tutelle.

וְאֶת־מַאֲמַ֤ר מָרְדֳּכַי֙ אֶסְתֵּ֣ר עֹשָׂ֔ה
כַּאֲשֶׁ֛ר הָיְתָ֥ה בְאָמְנָ֖ה אִתּֽוֹ׃

21 Tandis que Mardochée était assis devant la porte du roi, Bigtân et Térech, deux des eunuques du roi qui gardaient l'entrée, s'emportèrent contre le roi...
... et complotèrent contre sa vie.
22 Mais Mardochée découvrit le complot...
... et en informa...
... la reine Esther...
... qui le rapporta au roi au nom de Mardochée.

כא בַּיָּמִ֣ים הָהֵ֔ם
וּמָרְדֳּכַ֖י יוֹשֵׁ֣ב בְּשַֽׁעַר־הַמֶּ֑לֶךְ
קָצַף֩ בִּגְתָ֨ן וָתֶ֜רֶשׁ
שְׁנֵֽי־סָרִיסֵ֤י הַמֶּ֙לֶךְ֙ מִשֹּׁמְרֵ֣י הַסַּ֔ף
וַיְבַקְשׁוּ֙ לִשְׁלֹ֣חַ יָ֔ד בַּמֶּ֖לֶךְ אֲחַשְׁוֵרֽוֹשׁ׃

כב וַיִּוָּדַ֤ע הַדָּבָר֙ לְמָרְדֳּכַ֔י
וַיַּגֵּ֖ד לְאֶסְתֵּ֣ר הַמַּלְכָּ֑ה
וַתֹּ֧אמֶר אֶסְתֵּ֛ר לַמֶּ֖לֶךְ בְּשֵׁ֥ם מָרְדֳּכָֽי׃

23 L'information fut vérifiée...
... et s'avéra exacte...
... les deux hommes furent pendus à une potence...
... et l'affaire fut consignée en présence du roi...
... dans le livre des annales.

כג וַיְבֻקַּשׁ הַדָּבָר
וַיִּמָּצֵא
וַיִּתָּלוּ שְׁנֵיהֶם עַל־עֵץ
וַיִּכָּתֵב בְּסֵפֶר דִּבְרֵי הַיָּמִים
לִפְנֵי הַמֶּלֶךְ׃

CHAPITRE 3

Quelque temps plus tard...
... le roi promut HAMAN, fils de Hamedata...
... l'Agaguite...
... à une fonction supérieure à celle de tous les autres hauts dignitaires.

א **אַחַ֣ר** ׀ הַדְּבָרִ֣ים הָאֵ֗לֶּה
גִּדַּל֩ הַמֶּ֨לֶךְ אֲחַשְׁוֵר֜וֹשׁ
אֶת־הָמָ֧ן בֶּן־הַמְּדָ֛תָא הָאֲגָגִ֖י
וַֽיְנַשְּׂאֵ֑הוּ
וַיָּ֙שֶׂם֙ אֶת־כִּסְא֔וֹ
מֵעַ֕ל כָּל־הַשָּׂרִ֖ים אֲשֶׁ֥ר אִתּֽוֹ׃

2 Et tous les vassaux du roi et gardes de la porte du palais s'agenouillaient et se prosternaient devant HAMAN, comme le roi l'avait ordonné...
... mais Mardochée refusa de s'agenouiller et de se prosterner.
3 Alors les gardes demandèrent à Mardochée :
POURQUOI N'OBÉIS-TU PAS À L'ORDRE DU ROI ?
4 Tous les jours, ils répétaient leur question et, comme Mardochée n'en tenait pas compte, ils signalèrent l'affaire à HAMAN, pour voir si Mardochée persisterait dans son refus...
... qu'il justifiait par le fait qu'il était...
... Juif.

ב וְכָל־עַבְדֵ֨י הַמֶּ֜לֶךְ אֲשֶׁר־בְּשַׁ֣עַר הַמֶּ֗לֶךְ
כֹּרְעִ֤ים וּמִֽשְׁתַּחֲוִים֙ לְהָמָ֔ן
כִּי־כֵ֖ן צִוָּה־ל֣וֹ הַמֶּ֑לֶךְ
וּמָ֨רְדֳּכַ֔י לֹ֥א יִכְרַ֖ע וְלֹ֥א יִֽשְׁתַּחֲוֶֽה׃

ג וַיֹּ֨אמְר֜וּ עַבְדֵ֥י הַמֶּ֛לֶךְ
אֲשֶׁר־בְּשַׁ֥עַר הַמֶּ֖לֶךְ לְמָרְדֳּכָ֑י
מַדּ֙וּעַ֙ אַתָּ֣ה עוֹבֵ֔ר אֵ֖ת מִצְוַ֥ת הַמֶּֽלֶךְ׃

ד וַיְהִ֗י באמרם אֵלָיו֙ י֣וֹם וָי֔וֹם כְּאָמְרָ֤ם
וְלֹ֥א שָׁמַ֖ע אֲלֵיהֶ֑ם
וַיַּגִּ֣ידוּ לְהָמָ֗ן לִרְאוֹת֙
הֲיַֽעַמְדוּ֙ דִּבְרֵ֣י מָרְדֳּכַ֔י
כִּֽי־הִגִּ֥יד לָהֶ֖ם
אֲשֶׁר־ה֥וּא יְהוּדִֽי׃

5 Et HAMAN...
... remarqua que, de fait, Mardochée ne s'agenouillait ni ne se prosternait devant lui...
... ce qui l'enflamma de colère.
6 Il repoussa dédaigneusement l'idée de ne s'en prendre qu'à Mardochée et, comme il avait appris à quel peuple il appartenait.
Non ! HAMAN...
... décida d'exterminer tous les Juifs, tout le peuple de Mardochée, dans tous l'empire d'Assuérus.

ה וַיַּ֣רְא הָמָ֔ן
כִּי־אֵ֣ין מָרְדֳּכַ֔י כֹּרֵ֥עַ וּמִֽשְׁתַּחֲוֶ֖ה ל֑וֹ
וַיִּמָּלֵ֥א הָמָ֖ן חֵמָֽה׃

ו וַיִּ֣בֶז בְּעֵינָ֗יו לִשְׁלֹ֤ח יָד֙ בְּמָרְדֳּכַ֣י לְבַדּ֔וֹ
כִּֽי־הִגִּ֥ידוּ ל֖וֹ אֶת־עַ֣ם מָרְדֳּכָ֑י
וַיְבַקֵּ֣שׁ הָמָ֗ן לְהַשְׁמִ֧יד אֶת־כָּל־הַיְּהוּדִ֛ים
אֲשֶׁ֛ר בְּכָל־מַלְכ֥וּת אֲחַשְׁוֵר֖וֹשׁ
עַ֥ם מָרְדֳּכָֽי׃

7 Ainsi, le premier mois, le mois de Nissan, de la douzième année du règne d'Assuérus...
... et d'entre tous les jours et d'entre tous les mois...
... HAMAN procéda à un pour - un tirage au sort...
... le sort désigna le douzième mois, le mois d'Adar.
8 HAMAN s'adressa alors au roi Assuérus...
IL EXISTE UN PEUPLE...
... DISSÉMINÉ PARMI LES AUTRES PEUPLES DANS TOUTES VOS PROVINCES ROYALES...
... DONT LES LOIS SONT DIFFÉRENTES DES AUTRES NATIONS ET QUI N'OBÉIT PAS MÊME AUX LOIS DU ROI...
... IL N'EST PAS DANS L'INTÉRÊT DU ROI DE LES TOLÉRER.

ז בַּחֹ֤דֶשׁ הָֽרִאשׁוֹן֙ הוּא־חֹ֣דֶשׁ נִיסָ֔ן
בִּשְׁנַת֙ שְׁתֵּ֣ים עֶשְׂרֵ֔ה לַמֶּ֖לֶךְ אֲחַשְׁוֵר֑וֹשׁ
הִפִּ֣יל פּוּר֩ ה֨וּא הַגּוֹרָ֜ל לִפְנֵ֣י הָמָ֗ן
מִיּ֧וֹם ׀ לְי֛וֹם וּמֵחֹ֛דֶשׁ לְחֹ֖דֶשׁ
שְׁנֵים־עָשָׂ֥ר הוּא־חֹ֥דֶשׁ אֲדָֽר׃

ח וַיֹּ֤אמֶר הָמָן֙ לַמֶּ֣לֶךְ אֲחַשְׁוֵר֔וֹשׁ
יֶשְׁנ֣וֹ עַם־אֶחָ֗ד
מְפֻזָּ֤ר וּמְפֹרָד֙ בֵּ֣ין הָֽעַמִּ֔ים
בְּכֹ֖ל מְדִינ֣וֹת מַלְכוּתֶ֑ךָ
וְדָתֵיהֶ֞ם שֹׁנ֣וֹת מִכָּל־עָ֗ם
וְאֶת־דָּתֵ֤י הַמֶּ֙לֶךְ֙ אֵינָ֣ם עֹשִׂ֔ים
וְלַמֶּ֖לֶךְ אֵֽין־שֹׁוֶ֥ה לְהַנִּיחָֽם׃

9 S'IL PLAÎT AU ROI, QU'IL SOIT DÉCRÉTÉ PAR ÉCRIT DE LES ANÉANTIR...
... ET POUR MA PART, JE REMETTRAI DIX MILLE TALENTS D'ARGENT AUX ADMINISTRATEURS...
... À DÉPOSER DANS LE TRÉSOR ROYAL.
10 Le roi retira la bague qu'il portait au doigt...
... et...
... la donna...
... à HAMAN...
... fils de Hamedata, l'Agaguite, ennemi des Juifs.
11 Et le roi dit à HAMAN...
L'ARGENT EST À TOI, CE PEUPLE AUSSI...
FAIS-EN CE QUE BON TE SEMBLERA.

ט אִם־עַל־הַמֶּ֣לֶךְ ט֔וֹב
יִכָּתֵ֖ב לְאַבְּדָ֑ם
וַעֲשֶׂרֶת֩ אֲלָפִ֨ים כִּכַּר־כֶּ֜סֶף
אֶשְׁקוֹל֙ עַל־יְדֵי֙ עֹשֵׂ֣י הַמְּלָאכָ֔ה
לְהָבִ֖יא אֶל־גִּנְזֵ֥י הַמֶּֽלֶךְ׃

י וַיָּ֧סַר הַמֶּ֛לֶךְ אֶת־טַבַּעְתּ֖וֹ מֵעַ֣ל יָד֑וֹ
וַֽיִּתְּנָ֗הּ לְהָמָ֧ן בֶּֽן־הַמְּדָ֛תָא הָאֲגָגִ֖י
צֹרֵ֥ר הַיְּהוּדִֽים׃

יא וַיֹּ֤אמֶר הַמֶּ֙לֶךְ֙ לְהָמָ֔ן
הַכֶּ֖סֶף נָת֣וּן לָ֑ךְ
וְהָעָ֕ם לַעֲשׂ֥וֹת בּ֖וֹ
כַּטּ֥וֹב בְּעֵינֶֽיךָ׃

12 Les scribes du roi furent convoqués le treizième jour du premier mois...
... et les ordres d'HAMAN aux satrapes du roi, aux gouverneurs de chaque province et aux seigneurs de chaque peuple furent transmis à...
... chaque province, selon son écriture...
... et à chaque peuple, selon sa langue...
... tous écrits au nom du roi Assuérus...
... et frappés du sceau royal.

פרק א
פרק ב
פרק ג
פרק ד
פרק ה
פרק ו
פרק ז
פרק ח
פרק ט
פרק י

יב וַיִּקָּרְאוּ֩ סֹפְרֵ֨י הַמֶּ֜לֶךְ
בַּחֹ֣דֶשׁ הָרִאשׁ֗וֹן בִּשְׁלוֹשָׁ֨ה עָשָׂ֥ר יוֹם֮ בּוֹ֒
וַיִּכָּתֵ֣ב כְּכָל־אֲשֶׁר־צִוָּ֣ה **הָ֠מָן**
אֶ֣ל אֲחַשְׁדַּרְפְּנֵֽי־הַ֠מֶּלֶךְ וְאֶל־הַפַּחוֹת֙
אֲשֶׁ֣ר ׀ עַל־מְדִינָ֣ה וּמְדִינָ֗ה
וְאֶל־שָׂרֵ֥י עַם֙ וָעָ֔ם
מְדִינָ֤ה וּמְדִינָה֙ כִּכְתָבָ֔הּ
וְעַ֥ם וָעָ֖ם כִּלְשׁוֹנ֑וֹ
בְּשֵׁ֨ם הַמֶּ֤לֶךְ אֲחַשְׁוֵרוֹשׁ֙ נִכְתָּ֔ב
וְנֶחְתָּ֖ם בְּטַבַּ֥עַת הַמֶּֽלֶךְ׃

13 Des courriers délivrèrent, dans toutes les provinces du roi, les messages...
... qui ordonnaient de tuer, décimer et anéantir tous les Juifs, jeunes et vieux, enfants et femmes...
... en une seule journée--le treizième jour du douzième mois, le mois d'Adar...
... et de les dépouiller de leurs biens.
14 Le texte de la lettre avait force de loi dans toutes les provinces et fut affiché pour que tous en prennent connaissance et se préparent à ce jour.
15 Les courriers se hâtèrent de partir sur ordre du roi, et la loi fut aussi promulguée à Suse, la capitale.
Le roi et HAMAN s'assirent pour boire...
... tandis que la cité de Suse était plongée dans la consternation.

יג וְנִשְׁל֨וֹחַ סְפָרִ֜ים בְּיַ֣ד הָרָצִים֮
אֶל־כָּל־מְדִינ֣וֹת הַמֶּלֶךְ֒
לְהַשְׁמִ֡יד לַהֲרֹ֣ג וּלְאַבֵּ֣ד אֶת־כָּל־הַ֠יְּהוּדִ֠ים
מִנַּ֨עַר וְעַד־זָקֵ֜ן טַ֤ף וְנָשִׁים֙ בְּי֣וֹם אֶחָ֔ד
בִּשְׁלוֹשָׁ֥ה עָשָׂ֛ר לְחֹ֥דֶשׁ שְׁנֵים־עָשָׂ֖ר
הוּא־חֹ֣דֶשׁ אֲדָ֑ר
וּשְׁלָלָ֖ם לָבֽוֹז׃

יד פַּתְשֶׁ֣גֶן הַכְּתָ֗ב לְהִנָּתֵ֥ן דָּת֙
בְּכָל־מְדִינָ֣ה וּמְדִינָ֔ה
גָּל֖וּי לְכָל־הָֽעַמִּ֑ים
לִהְי֥וֹת עֲתִדִ֖ים לַיּ֥וֹם הַזֶּֽה׃

טו הָרָצִ֞ים יָצְא֤וּ דְחוּפִים֙ בִּדְבַ֣ר הַמֶּ֔לֶךְ
וְהַדָּ֥ת נִתְּנָ֖ה בְּשׁוּשַׁ֣ן הַבִּירָ֑ה
וְהַמֶּ֤לֶךְ וְהָמָן֙ יָשְׁב֣וּ לִשְׁתּ֔וֹת
וְהָעִ֥יר שׁוּשָׁ֖ן נָבֽוֹכָה׃

CHAPITRE 4

1 Mardochée appris ce qui était advenu...
... déchira ses habits, se couvrit d'un sac...
... et de cendres...
... et parcourut la ville en poussant des cris douloureux et amers.
2 Il n'alla pas plus loin...
... que l'entrée du palais...
... car personne n'était autorisé à passer la porte, revêtu d'un sac.
3 Et, dans chaque province où parvinrent les ordres du roi, les Juifs prirent le deuil--
--jeûnèrent, pleurèrent, se lamentèrent...
... nombreux furent ceux qui s'étendirent sur des sacs et des cendres.

א וּמָרְדֳּכַ֗י יָדַע֙ אֶת־כָּל־אֲשֶׁ֣ר נַעֲשָׂ֔ה
וַיִּקְרַ֤ע מָרְדֳּכַי֙ אֶת־בְּגָדָ֔יו
וַיִּלְבַּ֥שׁ שַׂ֖ק וָאֵ֑פֶר
וַיֵּצֵא֙ בְּת֣וֹךְ הָעִ֔יר
וַיִּזְעַ֛ק זְעָקָ֥ה גְדוֹלָ֖ה וּמָרָֽה׃

ב וַיָּב֕וֹא עַ֖ד לִפְנֵ֣י שַֽׁעַר־הַמֶּ֑לֶךְ
כִּ֣י אֵ֥ין לָב֛וֹא אֶל־שַׁ֥עַר הַמֶּ֖לֶךְ
בִּלְב֥וּשׁ שָֽׂק׃

ג וּבְכָל־מְדִינָ֣ה וּמְדִינָ֗ה
מְקוֹם֙ אֲשֶׁ֨ר דְּבַר־הַמֶּ֤לֶךְ וְדָתוֹ֙ מַגִּ֔יעַ
אֵ֤בֶל גָּדוֹל֙ לַיְּהוּדִ֔ים
וְצ֥וֹם וּבְכִ֖י וּמִסְפֵּ֑ד
שַׂ֣ק וָאֵ֔פֶר יֻצַּ֖ע לָֽרַבִּֽים׃

4 Lorsque ses suivantes et ses eunuques lui rapportèrent ces événements...
... Esther se mit à trembler de tout son corps.
Elle fit parvenir des vêtements à Mardochée pour qu'il se débarrasse de son sac et s'habille, mais il les refusa.
5 Alors, Esther appela Hatac, l'un des eunuques que le roi avait placé à son service, et le chargea d'aller demander à Mardochée ce qui s'était passé et pourquoi.

ד ותבואינה נַעֲר֨וֹת אֶסְתֵּ֤ר וְסָרִיסֶ֙יהָ֙ וַתָּב֜וֹאנָה
וַיַּגִּ֣ידוּ לָ֔הּ
וַתִּתְחַלְחַ֥ל הַמַּלְכָּ֖ה מְאֹ֑ד
וַתִּשְׁלַ֨ח בְּגָדִ֜ים לְהַלְבִּ֣ישׁ אֶֽת־מָרְדֳּכַ֗י
וּלְהָסִ֥יר שַׂקּ֛וֹ מֵעָלָ֖יו
וְלֹ֥א קִבֵּֽל׃

ה וַתִּקְרָא֩ אֶסְתֵּ֨ר לַהֲתָ֜ךְ
מִסָּרִיסֵ֤י הַמֶּ֙לֶךְ֙ אֲשֶׁ֣ר הֶעֱמִ֣יד לְפָנֶ֔יהָ
וַתְּצַוֵּ֖הוּ עַל־מָרְדֳּכָ֑י
לָדַ֥עַת מַה־זֶּ֖ה וְעַל־מַה־זֶּֽה׃

6 Hatac alla trouver Mardochée sur la place, devant la porte du roi.
7 Mardochée lui raconta tout ce qui lui était advenu et lui indiqua la somme d'argent qu'HAMAN avait promis de verser dans le trésor royal en échange du droit d'anéantir les Juifs.
8 Il lui confia une copie du décret, publié à Suse, ordonnant leur extermination.
MONTRE-LE À ESTHER ET DIS-LUI D'ALLER DE TOUTE URGENCE TROUVER LE ROI, DE LE SUPPLIER, DE L'IMPLORER D'AIDER SON PEUPLE.
9 Hatac alla rapporter à Esther les paroles de Mardochée.

ו וַיֵּצֵ֥א הֲתָ֖ךְ אֶל־מָרְדֳּכָ֑י
אֶל־רְח֣וֹב הָעִ֔יר
אֲשֶׁ֖ר לִפְנֵ֥י שַֽׁעַר־הַמֶּֽלֶךְ׃

ז וַיַּגֶּד־ל֣וֹ מָרְדֳּכַ֔י אֵ֖ת כָּל־אֲשֶׁ֣ר קָרָ֑הוּ
וְאֵ֣ת ׀ פָּרָשַׁ֣ת הַכֶּ֗סֶף
אֲשֶׁ֨ר אָמַ֤ר הָמָן֙ לִשְׁק֞וֹל עַל־גִּנְזֵ֥י הַמֶּ֛לֶךְ
ביהודיים לְאַבְּדָֽם׃ בַּיְּהוּדִ֖ים

ח וְאֶת־פַּתְשֶׁ֣גֶן כְּתָֽב־הַדָּ֡ת
אֲשֶׁר־נִתַּ֨ן בְּשׁוּשָׁ֤ן לְהַשְׁמִידָם֙ נָ֣תַן ל֔וֹ
לְהַרְא֥וֹת אֶת־אֶסְתֵּ֖ר וּלְהַגִּ֣יד לָ֑הּ
וּלְצַוּ֣וֹת עָלֶ֗יהָ
לָב֨וֹא אֶל־הַמֶּ֧לֶךְ לְהִֽתְחַנֶּן־ל֛וֹ
וּלְבַקֵּ֥שׁ מִלְּפָנָ֖יו עַל־עַמָּֽהּ׃

ט וַיָּב֖וֹא הֲתָ֑ךְ וַיַּגֵּ֣ד לְאֶסְתֵּ֔ר
אֵ֖ת דִּבְרֵ֥י מָרְדֳּכָֽי׃

10 Et Esther dit à Hatac de retourner auprès de Mardochée et de lui dire…
11 TOUS LES VASSAUX ET PEUPLES DE PROVINCE SAVENT QU'IL N'Y A QU'UNE SANCTION POUR TOUT HOMME OU FEMME…
« … QUI S'APPROCHE DU ROI…
« … DANS LA COUR INTÉRIEURE…
« … SANS AVOIR ÉTÉ CONVOQUÉ :
« LA PEINE DE *MORT.* »

י וַתֹּ֤אמֶר אֶסְתֵּר֙ לַהֲתָ֔ךְ
וַתְּצַוֵּ֖הוּ אֶל־מָרְדֳּכָֽי׃

יא כָּל־עַבְדֵ֨י הַמֶּ֜לֶךְ וְעַ֣ם מְדִינ֣וֹת הַמֶּ֗לֶךְ
יֹֽדְעִים֮ אֲשֶׁ֣ר כָּל־אִ֣ישׁ וְאִשָּׁ֡ה
אֲשֶׁ֣ר־יָבֽוֹא אֶל־הַמֶּלֶךְ֩
אֶל־הֶחָצֵ֨ר הַפְּנִימִ֜ית
אֲשֶׁ֣ר לֹֽא־יִקָּרֵ֗א
אַחַ֤ת דָּתוֹ֙
לְהָמִ֔ית

« SAUF SI...
« ... EXCEPTIONNELLEMENT...
« ... LE ROI TEND SON SCEPTRE D'OR VERS CETTE PERSONNE...
« ... QUI, EN CE CAS, AURA LA VIE SAUVE. »
QUANT À MOI, JE N'AI PAS ÉTÉ CONVOQUÉE PAR LE ROI DEPUIS TRENTE JOURS.
12 Ces paroles furent rapportées à Mardochée.

לְבַ֗ד מֵאֲשֶׁ֨ר יֽוֹשִׁיט־ל֥וֹ הַמֶּ֛לֶךְ
אֶת־שַׁרְבִ֥יט הַזָּהָ֖ב

וְחָיָ֑ה

וַאֲנִ֗י לֹ֤א נִקְרֵ֙אתִי֙ לָב֣וֹא אֶל־הַמֶּ֔לֶךְ
זֶ֖ה שְׁלוֹשִׁ֥ים יֽוֹם׃

יב וַיַּגִּ֣ידוּ לְמָרְדֳּכָ֔י אֵ֖ת דִּבְרֵ֥י אֶסְתֵּֽר׃

13 Mardochée envoya sa réponse à Esther...
« N'IMAGINE PAS QUE TU POURRAS ÉCHAPPER AU SORT DES JUIFS GRÂCE À TA POSITION AU PALAIS.
14 « SI TU GARDES LE SILENCE MAINTENANT, LA DÉLIVRANCE ET LE SALUT DES JUIFS LEUR VIENDRONT D'AUTRE PART...
... MAIS TOI ET LA LIGNÉE DE TON PÈRE...
« ... SEREZ...
« ... PERDUS...
« ... POUR...
Jude
« ... TOUJOURS. »

יג וַיֹּ֥אמֶר מָרְדֳּכַ֖י לְהָשִׁ֣יב אֶל־אֶסְתֵּ֑ר

אַל־תְּדַמִּ֣י בְנַפְשֵׁ֔ךְ

לְהִמָּלֵ֥ט בֵּית־הַמֶּ֖לֶךְ

מִכָּל־הַיְּהוּדִֽים׃

יד כִּ֣י אִם־הַחֲרֵ֣שׁ תַּחֲרִישִׁי֮

בָּעֵ֣ת הַזֹּאת֒

רֶ֣וַח וְהַצָּלָ֞ה יַעֲמ֤וֹד לַיְּהוּדִים֙

מִמָּק֣וֹם אַחֵ֔ר

וְאַ֥תְּ וּבֵית־אָבִ֖יךְ

תֹּאבֵ֑דוּ

ET QUI SAIT...
... SI CE N'EST PAS POUR UN TEL MOMENT...
... QUE TU ES PARVENUE À LA ROYAUTÉ ?

וּמִ֣י יוֹדֵ֔עַ

אִם־לְעֵ֣ת כָּזֹ֔את

הִגַּ֖עַתְּ לַמַּלְכֽוּת׃

15 Esther répondit à Mardochée :
16 VA-- RASSEMBLE TOUS LES JUIFS DE SUSE ET JEÛNEZ POUR MOI...
NE MANGEZ PAS ET NE BUVEZ PAS PENDANT TROIS JOURS, NI JOUR NI NUIT...
« ... MOI ET MES SUIVANTES FERONS DE MÊME. »

פרק א
פרק ב
פרק ג
פרק ד
פרק ה
פרק ו
פרק ז
פרק ח
פרק ט
פרק י

טו וַתֹּ֥אמֶר אֶסְתֵּ֖ר לְהָשִׁ֥יב אֶֽל־מָרְדֳּכָֽי׃

טז לֵךְ֩ כְּנ֨וֹס אֶת־כָּל־הַיְּהוּדִ֜ים
הַנִּמְצְאִ֣ים בְּשׁוּשָׁ֗ן
וְצ֣וּמוּ עָ֠לַ֠י
וְאַל־תֹּאכְל֨וּ וְאַל־תִּשְׁתּ֜וּ
שְׁלֹ֤שֶׁת יָמִים֙ לַ֣יְלָה וָי֔וֹם
גַּם־אֲנִ֥י וְנַעֲרֹתַ֖י אָצ֣וּם כֵּ֑ן

« C'EST BON, J'IRAI TROUVER...
« ... LE ROI...
« ... AU MÉPRIS DE LA LOI...
« ... ET SI JE DOIS MOURIR...
ALORS
JE
MOURRAI.
17 Mardochée partit...
... et fit tout ce qu'Esther l'avait chargé de faire.

וּבְכֵ֗ן אָב֤וֹא אֶל־הַמֶּ֙לֶךְ֙
אֲשֶׁ֣ר לֹֽא־כַדָּ֔ת
וְכַאֲשֶׁ֥ר אָבַ֖דְתִּי
אָבָֽדְתִּי׃

יז וַיַּעֲבֹ֖ר מָרְדֳּכָ֑י
וַיַּ֕עַשׂ כְּכֹ֛ל אֲשֶׁר־צִוְּתָ֥ה עָלָ֖יו אֶסְתֵּֽר׃

CHAPITRE 5

1 Trois jours plus tard, Esther se para de ses habits de reine...
... et se présenta dans la cour intérieure du palais royal, face aux appartements du roi...
... au moment où le roi, assis sur son trône, faisait face à l'entrée du palais.
2 Quand le roi remarqua que la reine Esther se tenait dans la cour...
... elle trouva grâce à ses yeux...
Le roi tendit alors vers Esther le sceptre d'or qu'il tenait en main...
... et Esther s'approcha et en toucha l'extrémité.

א וַיְהִ֣י ׀ בַּיּ֣וֹם הַשְּׁלִישִׁ֗י
וַתִּלְבַּ֤שׁ אֶסְתֵּר֙ מַלְכ֔וּת
וַֽתַּעֲמֹ֞ד בַּחֲצַ֤ר בֵּית־הַמֶּ֙לֶךְ֙ הַפְּנִימִ֔ית
נֹ֖כַח בֵּ֣ית הַמֶּ֑לֶךְ
וְ֠הַמֶּלֶךְ יוֹשֵׁ֞ב עַל־כִּסֵּ֤א מַלְכוּתוֹ֙
בְּבֵ֣ית הַמַּלְכ֔וּת
נֹ֖כַח פֶּ֥תַח הַבָּֽיִת׃

ב וַיְהִי֩ כִרְא֨וֹת הַמֶּ֜לֶךְ
אֶת־אֶסְתֵּ֣ר הַמַּלְכָּ֗ה עֹמֶ֙דֶת֙ בֶּֽחָצֵ֔ר
נָשְׂאָ֥ה חֵ֖ן בְּעֵינָ֑יו
וַיּ֨וֹשֶׁט הַמֶּ֜לֶךְ לְאֶסְתֵּ֗ר
אֶת־שַׁרְבִ֤יט הַזָּהָב֙ אֲשֶׁ֣ר בְּיָד֔וֹ
וַתִּקְרַ֣ב אֶסְתֵּ֔ר
וַתִּגַּ֖ע בְּרֹ֥אשׁ הַשַּׁרְבִֽיט׃

3 QUE FAIS-TU LÀ, ESTHER, MA REINE ? QUE VEUX-TU ? QUAND BIEN MÊME CE SERAIT LA MOITIÉ DU ROYAUME, JE TE L'ACCORDERAI.
4 S'IL PLAÎT AU ROI, QU'IL VIENNE AUJOURD'HUI AVEC HAMAN AU FESTIN QUE JE LUI AI PRÉPARÉ.
5 QU'HAMAN S'EMPRESSE DE RÉPONDRE AU DÉSIR D'ESTHER !
Ainsi, le roi et HAMAN se rendirent au festin préparé par Esther.
6 Pendant ce festin...
ALORS, QUE DEMANDES-TU ? TON VŒU SERA EXAUCÉ. QUE DÉSIRES-TU ?
QUAND BIEN MÊME CE SERAIT LA MOITIÉ DU ROYAUME, JE TE L'ACCORDERAI.
7 VOICI MA REQUÊTE ET MON DÉSIR.

ג וַיֹּ֤אמֶר לָהּ֙ הַמֶּ֔לֶךְ
מַה־לָּ֖ךְ אֶסְתֵּ֣ר הַמַּלְכָּ֑ה וּמַה־בַּקָּשָׁתֵ֛ךְ
עַד־חֲצִ֥י הַמַּלְכ֖וּת וְיִנָּ֥תֵֽן לָֽךְ׃

ד וַתֹּ֣אמֶר אֶסְתֵּ֔ר
אִם־עַל־הַמֶּ֖לֶךְ ט֑וֹב
יָב֨וֹא הַמֶּ֤לֶךְ וְהָמָן֙ הַיּ֔וֹם
אֶל־הַמִּשְׁתֶּ֖ה אֲשֶׁר־עָשִׂ֥יתִי לֽוֹ׃

ה וַיֹּ֣אמֶר הַמֶּ֔לֶךְ
מַֽהֲרוּ֙ אֶת־הָמָ֔ן לַעֲשׂ֖וֹת אֶת־דְּבַ֣ר אֶסְתֵּ֑ר
וַיָּבֹ֤א הַמֶּ֙לֶךְ֙ וְהָמָ֔ן
אֶל־הַמִּשְׁתֶּ֖ה אֲשֶׁר־עָשְׂתָ֥ה אֶסְתֵּֽר׃

ו וַיֹּ֨אמֶר הַמֶּ֤לֶךְ לְאֶסְתֵּר֙ בְּמִשְׁתֵּ֣ה הַיַּ֔יִן
מַה־שְּׁאֵלָתֵ֖ךְ וְיִנָּ֣תֵֽן לָ֑ךְ
וּמַה־בַּקָּשָׁתֵ֛ךְ
עַד־חֲצִ֥י הַמַּלְכ֖וּת וְתֵעָֽשׂ׃

ז וַתַּ֥עַן אֶסְתֵּ֖ר וַתֹּאמַ֑ר
שְׁאֵלָתִ֖י וּבַקָּשָׁתִֽי׃

8 SI JE TROUVE GRÂCE AUX YEUX DU ROI ET S'IL LUI PLAÎT DE SATISFAIRE MON DÉSIR ET...
... D'AGRÉER MA REQUÊTE ...
... QUE LE ROI...
...ET HAMAN...
... REVIENNENT DEMAIN AU FESTIN QUE JE VAIS LEUR PRÉPARER.
ET DEMAIN JE RÉPONDRAI À LA QUESTION DU ROI.

ח אִם־מָצָ֨אתִי חֵ֜ן בְּעֵינֵ֣י הַמֶּ֗לֶךְ
וְאִם־עַל־הַמֶּ֙לֶךְ֙ ט֔וֹב
לָתֵת֙ אֶת־שְׁאֵ֣לָתִ֔י
וְלַעֲשׂ֖וֹת אֶת־בַּקָּשָׁתִ֑י
יָב֧וֹא הַמֶּ֣לֶךְ וְהָמָ֗ן
אֶל־הַמִּשְׁתֶּה֙ אֲשֶׁ֣ר אֶֽעֱשֶׂ֣ה לָהֶ֔ם
וּמָחָ֥ר אֶֽעֱשֶׂ֖ה כִּדְבַ֥ר הַמֶּֽלֶךְ׃

9 Ce jour-là, HAMAN se retira, heureux et le cœur en fête.
Mais quand il vit Mardochée qui, assis devant la porte du roi...
!
... ni ne se levait ni ne tremblait en sa présence...
HAMAN s'enflamma de colère contre lui.

ט וַיֵּצֵ֤א הָמָן֙ בַּיּ֣וֹם הַה֔וּא
שָׂמֵ֖חַ וְט֣וֹב לֵ֑ב
וְכִרְא֩וֹת הָמָ֨ן אֶֽת־מָרְדֳּכַ֜י
בְּשַׁ֣עַר הַמֶּ֗לֶךְ
וְלֹא־קָם֙ וְלֹא־זָ֣ע מִמֶּ֔נּוּ
וַיִּמָּלֵ֥א הָמָ֛ן
עַל־מָרְדֳּכַ֖י חֵמָֽה׃

10 Cependant, HAMAN se contint et rentra chez lui...
... puis fit venir ses amis et sa femme, Zérech.
11 Et HAMAN leur parla de sa richesse fabuleuse, du nombre de ses fils...
... et de tout ce que le roi avait fait pour l'élever au-dessus des autres vassaux et hauts dignitaires.
Et HAMAN ajouta :
12 ET JE SUIS LE SEUL, EN DEHORS DU ROI, À AVOIR ÉTÉ CONVIÉ AU FESTIN D'ESTHER ET DEMAIN, JE SUIS ENCORE INVITÉ AVEC LE ROI.
13 POURTANT, TOUT CELA NE VAUT RIEN À MES YEUX TANT QUE JE VOIS CE JUIF MARDOCHÉE, ASSIS DEVANT LA PORTE DU ROI.
14 Ses amis et sa femme Zérech répondirent :
FAIS DRESSER UNE POTENCE, HAUTE DE CINQUANTE COUDÉES. DEMAIN MATIN, DEMANDE AU ROI D'Y PENDRE MARDOCHÉE. ENSUITE, C'EST LE CŒUR LÉGER QUE TU IRAS AU FESTIN AVEC LE ROI.
Cette idée plut à HAMAN...
... et il fit dresser la potence.

י וַיִּתְאַפַּק הָמָן וַיָּבוֹא אֶל־בֵּיתוֹ
וַיִּשְׁלַח וַיָּבֵא אֶת־אֹהֲבָיו
וְאֶת־זֶרֶשׁ אִשְׁתּוֹ׃

יא וַיְסַפֵּר לָהֶם הָמָן אֶת־כְּבוֹד עָשְׁרוֹ
וְרֹב בָּנָיו וְאֵת כָּל־אֲשֶׁר גִּדְּלוֹ הַמֶּלֶךְ
וְאֵת אֲשֶׁר נִשְּׂאוֹ עַל־הַשָּׂרִים וְעַבְדֵי הַמֶּלֶךְ׃

יב וַיֹּאמֶר הָמָן
אַף לֹא־הֵבִיאָה אֶסְתֵּר הַמַּלְכָּה עִם־הַמֶּלֶךְ
אֶל־הַמִּשְׁתֶּה אֲשֶׁר־עָשָׂתָה כִּי אִם־אוֹתִי
וְגַם־לְמָחָר אֲנִי קָרוּא־לָהּ עִם־הַמֶּלֶךְ׃

יג וְכָל־זֶה אֵינֶנּוּ שֹׁוֶה לִי
בְּכָל־עֵת אֲשֶׁר אֲנִי רֹאֶה אֶת־מָרְדֳּכַי הַיְּהוּדִי
יוֹשֵׁב בְּשַׁעַר הַמֶּלֶךְ׃

יד וַתֹּאמֶר לוֹ זֶרֶשׁ אִשְׁתּוֹ וְכָל־אֹהֲבָיו
יַעֲשׂוּ־עֵץ גָּבֹהַּ חֲמִשִּׁים אַמָּה
וּבַבֹּקֶר ׀ אֱמֹר לַמֶּלֶךְ וְיִתְלוּ אֶת־מָרְדֳּכַי עָלָיו
וּבֹא עִם־הַמֶּלֶךְ אֶל־הַמִּשְׁתֶּה שָׂמֵחַ
וַיִּיטַב הַדָּבָר לִפְנֵי הָמָן וַיַּעַשׂ הָעֵץ׃

CHAPITRE 6

1 Cette nuit-là...
Z Z Z
... le sommeil du roi fut agité.
Il se fit apporter le recueil des annales, les chroniques...
... et on lui en fit la lecture à voix haute.
2 Il y était écrit que Mardochée avait dénoncé Bigtân et Térech, deux des eunuques du roi, chargés de garder la porte du palais, qui avaient comploté contre la vie du roi Assuérus.
3 COMMENT, PAR QUEL HONNEUR OU PAR QUELLE DISTINCTION MARDOCHÉE A-T-IL ÉTÉ RÉCOMPENSÉ ?
Les serviteurs, chargés du service du roi, dirent :
RIEN N'A ÉTÉ FAIT POUR LUI.
4 QUI EST DANS LA COUR ?
HAMAN venait d'arriver dans la cour extérieure du palais royal pour demander au roi de faire pendre Mardochée à la potence qu'il lui avait préparé.
5 Ah, C'EST HAMAN QUI EST DANS LA COUR.
QU'IL ENTRE !

א **בַּלַּ֣יְלָה** הַה֔וּא נָדְדָ֖ה שְׁנַ֣ת הַמֶּ֑לֶךְ
וַיֹּ֗אמֶר לְהָבִ֞יא אֶת־סֵ֤פֶר הַזִּכְרֹנוֹת֙ דִּבְרֵ֣י הַיָּמִ֔ים
וַיִּהְי֥וּ נִקְרָאִ֖ים לִפְנֵ֥י הַמֶּֽלֶךְ׃

ב וַיִּמָּצֵ֣א כָת֗וּב
אֲשֶׁר֩ הִגִּ֨יד מָרְדֳּכַ֜י עַל־בִּגְתָ֣נָא וָתֶ֗רֶשׁ
שְׁנֵי֙ סָרִיסֵ֣י הַמֶּ֔לֶךְ מִשֹּׁמְרֵ֖י הַסַּ֑ף
אֲשֶׁ֤ר בִּקְשׁוּ֙ לִשְׁלֹ֣חַ יָ֔ד בַּמֶּ֖לֶךְ אֲחַשְׁוֵרֽוֹשׁ׃

ג וַיֹּ֣אמֶר הַמֶּ֔לֶךְ
מַה־נַּעֲשָׂ֞ה יְקָ֧ר וּגְדוּלָּ֛ה לְמָרְדֳּכַ֖י עַל־זֶ֑ה
וַיֹּ֨אמְר֜וּ נַעֲרֵ֤י הַמֶּ֙לֶךְ֙ מְשָׁ֣רְתָ֔יו
לֹא־נַעֲשָׂ֥ה עִמּ֖וֹ דָּבָֽר׃

ד וַיֹּ֥אמֶר הַמֶּ֖לֶךְ מִ֣י בֶחָצֵ֑ר
וְהָמָ֣ן בָּ֗א לַחֲצַ֤ר בֵּית־הַמֶּ֙לֶךְ֙ הַחִ֣יצוֹנָ֔ה
לֵאמֹ֣ר לַמֶּ֔לֶךְ לִתְלוֹת֙ אֶת־מָרְדֳּכַ֔י
עַל־הָעֵ֖ץ אֲשֶׁר־הֵכִ֥ין לֽוֹ׃

ה וַיֹּ֨אמְר֜וּ נַעֲרֵ֤י הַמֶּ֙לֶךְ֙ אֵלָ֔יו
הִנֵּ֥ה הָמָ֖ן עֹמֵ֣ד בֶּחָצֵ֑ר
וַיֹּ֥אמֶר הַמֶּ֖לֶךְ יָבֽוֹא׃

6 HAMAN entra et le roi lui demanda :
QUE FAIRE POUR UN HOMME QUE LE ROI SOUHAITE HONORER ?
7 Alors HAMAN dit au roi :
QUI D'AUTRE QUE MOI LE ROI SOUHAITERAIT-IL HONORER ?
POUR CELUI QUE LE ROI SOUHAITE HONORER--
8 « QU'ON APPORTE DES VÊTEMENTS ROYAUX QUE LE ROI A PORTÉS...
« ... ET UN CHEVAL QUE LE ROI A MONTÉ ET SUR LA TÊTE DUQUEL EST POSÉE UNE COURONNE ROYALE...

ו וַיָּבוֹא֮ הָמָן֒ וַיֹּ֤אמֶר לוֹ֙ הַמֶּ֔לֶךְ
מַה־לַּעֲשׂ֕וֹת בָּאִ֕ישׁ
אֲשֶׁ֥ר הַמֶּ֖לֶךְ חָפֵ֣ץ בִּיקָר֑וֹ
וַיֹּ֤אמֶר הָמָן֙ בְּלִבּ֔וֹ
לְמִ֞י יַחְפֹּ֥ץ הַמֶּ֛לֶךְ לַעֲשׂ֥וֹת יְקָ֖ר
יוֹתֵ֥ר מִמֶּֽנִּי׃

ז וַיֹּ֥אמֶר הָמָ֖ן אֶל־הַמֶּ֑לֶךְ
אִ֕ישׁ אֲשֶׁ֥ר הַמֶּ֖לֶךְ חָפֵ֥ץ בִּיקָרֽוֹ׃

ח יָבִ֙יאוּ֙ לְב֣וּשׁ מַלְכ֔וּת
אֲשֶׁ֥ר לָֽבַשׁ־בּ֖וֹ הַמֶּ֑לֶךְ
וְס֗וּס אֲשֶׁ֨ר רָכַ֤ב עָלָיו֙ הַמֶּ֔לֶךְ
וַאֲשֶׁ֥ר נִתַּ֛ן כֶּ֥תֶר מַלְכ֖וּת בְּרֹאשֽׁוֹ׃

9 « ET QUE L'ON CONFIE CES VÊTEMENTS ET CE CHEVAL À UN HAUT DIGNITAIRE QUI SERA CHARGÉ DE VÊTIR L'HOMME QUE LE ROI SOUHAITE HONORER.
« ET DE LE PROMENER À CHEVAL À TRAVERS LA VILLE EN PROCLAMANT :
VOICI CE QUI SE FAIT POUR L'HOMME QUE LE ROI SOUHAITE HONORER.
10 VITE !
dit le roi à HAMAN,
VA CHERCHER LES VÊTEMENTS ET LE CHEVAL ET FAIS TOUT CE QUE TU VIENS DE DIRE...
...POUR MARDOCHÉE, LE JUIF, QUI EST ASSIS DEVANT LA PORTE DU PALAIS. FAIS-LE SANS NÉGLIGER LE MOINDRE DÉTAIL.

ט וְנָת֨וֹן הַלְּב֜וּשׁ וְהַסּ֗וּס
עַל־יַד־אִ֞ישׁ מִשָּׂרֵ֤י הַמֶּ֙לֶךְ֙ הַֽפַּרְתְּמִ֔ים
וְהִלְבִּ֙ישׁוּ֙ אֶת־הָאִ֔ישׁ
אֲשֶׁ֥ר הַמֶּ֖לֶךְ חָפֵ֣ץ בִּיקָר֑וֹ
וְהִרְכִּיבֻ֤הוּ עַל־הַסּוּס֙ בִּרְח֣וֹב הָעִ֔יר
וְקָרְא֣וּ לְפָנָ֔יו
כָּ֚כָה יֵעָשֶׂ֣ה לָאִ֔ישׁ
אֲשֶׁ֥ר הַמֶּ֖לֶךְ חָפֵ֥ץ בִּיקָרֽוֹ׃

י וַיֹּ֨אמֶר הַמֶּ֜לֶךְ לְהָמָ֗ן
מַ֠הֵר
קַ֣ח אֶת־הַלְּב֤וּשׁ וְאֶת־הַסּוּס֙
כַּאֲשֶׁ֣ר דִּבַּ֔רְתָּ
וַֽעֲשֵׂה־כֵן֙ לְמָרְדֳּכַ֣י הַיְּהוּדִ֔י
הַיּוֹשֵׁ֖ב בְּשַׁ֣עַר הַמֶּ֑לֶךְ
אַל־תַּפֵּ֣ל דָּבָ֔ר מִכֹּ֖ל אֲשֶׁ֥ר דִּבַּֽרְתָּ׃

11 Ainsi HAMAN prit les vêtements et le cheval, vêtit Mardochée...
... et le promena sur la place de la ville en proclamant...
VOICI CE QUI SE FAIT POUR L'HOMME...
... QUE LE ROI SOUHAITE HONORER !

יא וַיִּקַּ֤ח הָמָן֙
אֶת־הַלְּב֣וּשׁ וְאֶת־הַסּ֔וּס
וַיַּלְבֵּ֖שׁ אֶֽת־מָרְדֳּכָ֑י
וַיַּרְכִּיבֵ֙הוּ֙ בִּרְח֣וֹב הָעִ֔יר
וַיִּקְרָ֣א לְפָנָ֔יו
כָּ֚כָה יֵעָשֶׂ֣ה לָאִ֔ישׁ
אֲשֶׁ֥ר הַמֶּ֖לֶךְ חָפֵ֥ץ בִּיקָרֽוֹ׃

12 Puis, Mardochée retourna s'asseoir devant la porte du palais...
...et HAMAN se hâta de rentrer chez lui, terrassé, la tête basse...
13 HAMAN raconta à sa femme Zérech et à ses amis ce qui lui était advenu, et ses sages amis, avec sa femme Zérech, répondirent :
SI CE MARDOCHÉE, DEVANT LEQUEL TU AS COMMENCÉ À TOMBER, EST DE SANG JUIF, TU NE LE VAINCRAS PAS...
TU TOMBERAS...
ET IL TE VAINCRA...
14 Ils parlaient encore quand les eunuques du roi vinrent chercher HAMAN...
... pour le conduire en grande hâte...
... au festin préparé par Esther.

פרק א
פרק ב
פרק ג
פרק ד
פרק ה
פרק ו
פרק ז
פרק ח
פרק ט
פרק י

יב וַיָּ֥שָׁב מָרְדֳּכַ֖י אֶל־שַׁ֣עַר הַמֶּ֑לֶךְ
וְהָמָן֙ נִדְחַ֣ף אֶל־בֵּית֔וֹ
אָבֵ֖ל וַחֲפ֥וּי רֹֽאשׁ׃

יג וַיְסַפֵּ֨ר הָמָ֜ן לְזֶ֤רֶשׁ אִשְׁתּוֹ֙
וּלְכָל־אֹ֣הֲבָ֔יו
אֵ֖ת כָּל־אֲשֶׁ֣ר קָרָ֑הוּ
וַיֹּ֩אמְרוּ֩ ל֨וֹ חֲכָמָ֜יו וְזֶ֣רֶשׁ אִשְׁתּ֗וֹ
אִ֣ם מִזֶּ֣רַע הַיְּהוּדִ֡ים מָרְדֳּכַ֞י
אֲשֶׁ֨ר הַחִלּ֜וֹתָ לִנְפֹּ֤ל לְפָנָיו֙
לֹא־תוּכַ֣ל ל֔וֹ
כִּֽי־נָפ֥וֹל תִּפּ֖וֹל לְפָנָֽיו׃

יד עוֹדָם֙ מְדַבְּרִ֣ים עִמּ֔וֹ
וְסָרִיסֵ֥י הַמֶּ֖לֶךְ הִגִּ֑יעוּ
וַיַּבְהִ֙לוּ֙ לְהָבִ֣יא אֶת־הָמָ֔ן
אֶל־הַמִּשְׁתֶּ֖ה אֲשֶׁר־עָשְׂתָ֥ה אֶסְתֵּֽר׃

CHAPITRE 7

1 Ainsi, le roi et HAMAN se rendirent au festin de la reine Esther.
2 Lors de ce second festin, le roi demanda de nouveau à Esther :
ZZZ
QUEL EST TON VŒU, ESTHER, MA REINE ? JE L'EXAUCERAI.
QUE DEMANDES-TU ? QUAND BIEN MÊME CE SERAIT LA MOITIÉ DU ROYAUME, JE TE L'ACCORDERAI.
3 SI J'AI TROUVÉ GRÂCE À TES YEUX, Ô MON ROI...
... ET SI TEL EST TON BON PLAISIR--
... ACCORDE-MOI LA VIE SAUVE, VOILÀ MON VŒU, ET SAUVE MON PEUPLE, VOILÀ MA REQUÊTE.

א וַיָּבֹ֤א הַמֶּ֙לֶךְ֙ וְהָמָ֔ן
לִשְׁתּ֖וֹת עִם־אֶסְתֵּ֥ר הַמַּלְכָּֽה׃

ב וַיֹּאמֶר֩ הַמֶּ֨לֶךְ לְאֶסְתֵּ֜ר
גַּ֣ם בַּיּ֤וֹם הַשֵּׁנִי֙ בְּמִשְׁתֵּ֣ה הַיַּ֔יִן
מַה־שְּׁאֵלָתֵ֛ךְ אֶסְתֵּ֥ר הַמַּלְכָּ֖ה
וְתִנָּ֣תֵֽן לָ֑ךְ
וּמַה־בַּקָּשָׁתֵ֛ךְ
עַד־חֲצִ֥י הַמַּלְכ֖וּת וְתֵעָֽשׂ׃

ג וַתַּ֨עַן אֶסְתֵּ֤ר הַמַּלְכָּה֙ וַתֹּאמַ֔ר
אִם־מָצָ֨אתִי חֵ֤ן בְּעֵינֶ֙יךָ֙ הַמֶּ֔לֶךְ
וְאִם־עַל־הַמֶּ֖לֶךְ ט֑וֹב
תִּנָּֽתֶן־לִ֤י נַפְשִׁי֙ בִּשְׁאֵ֣לָתִ֔י
וְעַמִּ֖י בְּבַקָּשָׁתִֽי׃

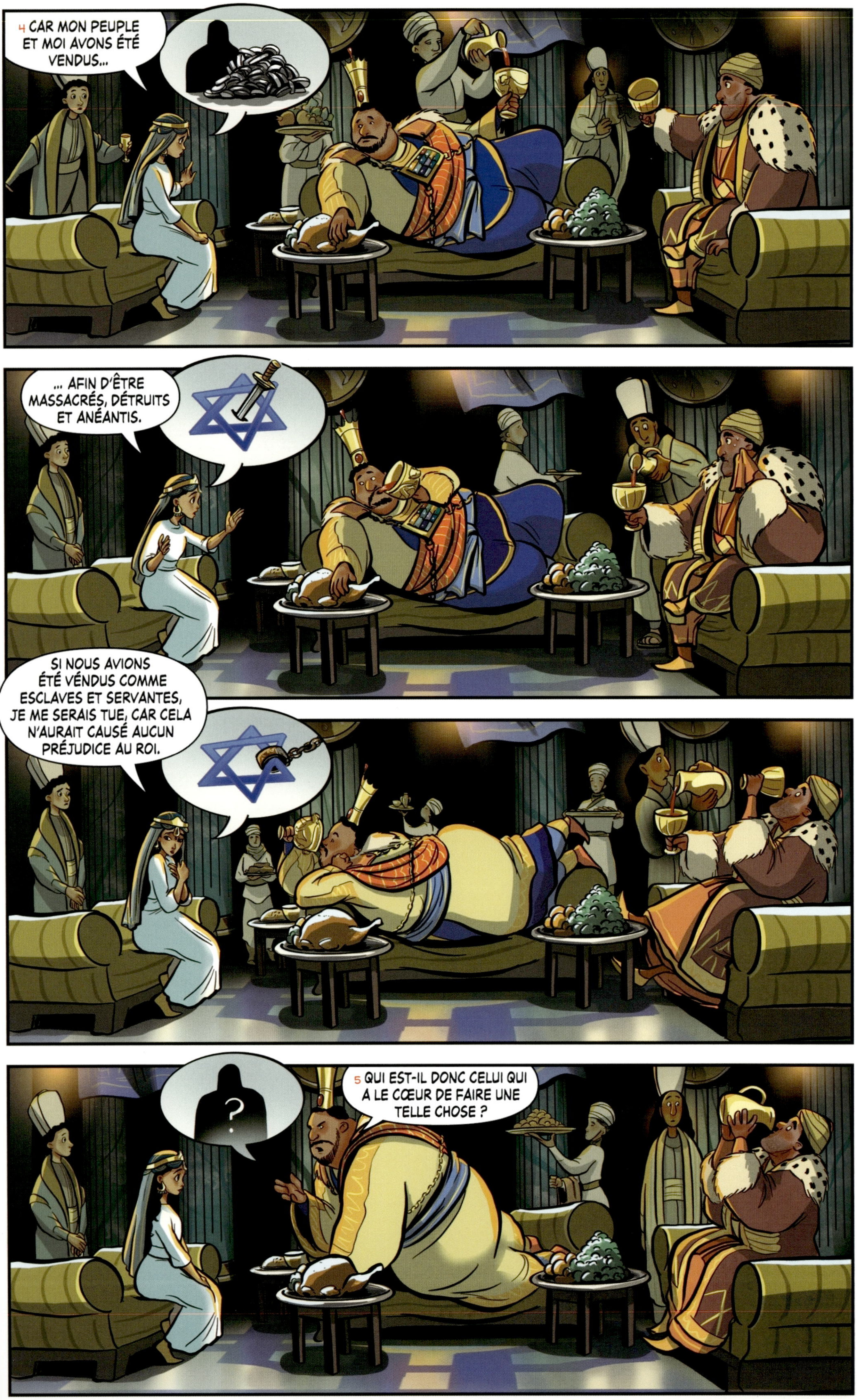

4 CAR MON PEUPLE ET MOI AVONS ÉTÉ VENDUS...
... AFIN D'ÊTRE MASSACRÉS, DÉTRUITS ET ANÉANTIS.
SI NOUS AVIONS ÉTÉ VENDUS COMME ESCLAVES ET SERVANTES, JE ME SERAIS TUE, CAR CELA N'AURAIT CAUSÉ AUCUN PRÉJUDICE AU ROI.
?
5 QUI EST-IL DONC CELUI QUI A LE CŒUR DE FAIRE UNE TELLE CHOSE ?

ד כִּ֤י נִמְכַּ֙רְנוּ֙ אֲנִ֣י וְעַמִּ֔י
לְהַשְׁמִ֖יד
לַהֲר֣וֹג
וּלְאַבֵּ֑ד
וְ֠אִלּוּ לַעֲבָדִ֨ים וְלִשְׁפָח֤וֹת נִמְכַּ֙רְנוּ֙
הֶחֱרַ֔שְׁתִּי
כִּ֣י אֵ֥ין הַצָּ֛ר שׁ֖וֶה בְּנֵ֥זֶק הַמֶּֽלֶךְ׃

ה וַיֹּ֙אמֶר֙ הַמֶּ֣לֶךְ אֲחַשְׁוֵר֔וֹשׁ
וַיֹּ֖אמֶר לְאֶסְתֵּ֣ר הַמַּלְכָּ֑ה
מִ֣י ה֥וּא זֶה֙ וְאֵי־זֶ֣ה ה֔וּא
אֲשֶׁר־מְלָא֥וֹ לִבּ֖וֹ לַעֲשׂ֥וֹת כֵּֽן׃

6 C'EST UN ÊTRE MALFAISANT...
... UN ENNEMI...
CET HOMME CRUEL, C'EST...
HAMAN !
Et soudain, HAMAN, terrifié, se mit à trembler...
... devant le roi et la reine.

ו וַתֹּ֣אמֶר אֶסְתֵּ֔ר

אִ֚ישׁ צַ֣ר וְאוֹיֵ֔ב

הָמָ֥ן

הָרָ֖ע הַזֶּ֑ה

וְהָמָ֣ן נִבְעָ֔ת מִלִּפְנֵ֥י הַמֶּ֖לֶךְ וְהַמַּלְכָּֽה׃

7 Furieux, le roi se leva...
... et quitta le festin pour...
VLAAAN
WOUKTCH
BOUM
CRAASK
KLINX
... aller dans le jardin du palais...

פרק א
פרק ב
פרק ג
פרק ד
פרק ה
פרק ו
פרק ז
פרק ח
פרק ט
פרק י

ז וְהַמֶּ֜לֶךְ קָ֤ם בַּחֲמָתוֹ֙
מִמִּשְׁתֵּ֣ה הַיַּ֔יִן
אֶל־גִּנַּ֖ת הַבִּיתָ֑ן

... alors qu'HAMAN se levait...
... pour implorer la reine Esther de lui accorder la vie sauve...
... car il avait compris que le roi avait décidé sa perte.
8 Au moment où le roi revint du jardin du palais...
... et entra dans la salle du festin...

וְהָמָ֣ן עָמַ֗ד לְבַקֵּ֤שׁ עַל־נַפְשׁוֹ֙
מֵֽאֶסְתֵּ֣ר הַמַּלְכָּ֔ה
כִּ֣י רָאָ֔ה כִּֽי־כָלְתָ֥ה אֵלָ֛יו הָרָעָ֖ה
מֵאֵ֥ת הַמֶּֽלֶךְ׃

ח וְהַמֶּ֡לֶךְ שָׁב֩ מִגִּנַּ֨ת הַבִּיתָ֜ן
אֶל־בֵּ֣ית ׀ מִשְׁתֵּ֣ה הַיַּ֗יִן

פרק א
פרק ב
פרק ג
פרק ד
פרק ה
פרק ו
פרק ז
פרק ח
פרק ט
פרק י

il vit HAMAN sur le divan de la reine--
QUOI ?!
FERAIS-TU EN PLUS VIOLENCE À LA REINE, DANS LE PALAIS ET EN MA PRÉSENCE ?!
Dès que ces mots jaillirent de la bouche du roi, on voila le visage d'HAMAN.
9 Un des eunuques, 'Harvona, dit au roi :
JUSTEMENT...
... IL Y A, DANS LA MAISON D'HAMAN, UNE POTENCE HAUTE DE CINQUANTE COUDÉES...
QU'HAMAN A FAIT DRESSER POUR MARDOCHÉE, QUI A SAUVÉ LA VIE DU ROI.

פרק א
פרק ב
פרק ג
פרק ד
פרק ה
פרק ו
פרק ז
פרק ח
פרק ט
פרק י

וְהָמָ֞ן נֹפֵ֗ל עַל־הַמִּטָּה֙
אֲשֶׁ֣ר אֶסְתֵּ֣ר עָלֶ֔יהָ
וַיֹּ֣אמֶר הַמֶּ֔לֶךְ
הֲ‍ֽגַ֛ם לִכְבּ֧וֹשׁ אֶת־הַמַּלְכָּ֛ה
עִמִּ֖י בַּבָּ֑יִת
הַדָּבָ֗ר יָצָא֙ מִפִּ֣י הַמֶּ֔לֶךְ וּפְנֵ֥י הָמָ֖ן חָפֽוּ׃

ט וַיֹּ֣אמֶר חַ֠רְבוֹנָ֠ה
אֶחָ֨ד מִן־הַסָּרִיסִ֜ים לִפְנֵ֣י הַמֶּ֗לֶךְ
גַּ֣ם הִנֵּה־הָעֵ֣ץ
אֲשֶׁר־עָשָׂ֣ה הָמָ֡ן לְֽמָרְדֳּכַ֞י
אֲשֶׁ֧ר דִּבֶּר־ט֣וֹב עַל־הַמֶּ֗לֶךְ
עֹמֵד֙ בְּבֵ֣ית הָמָ֔ן
גָּבֹ֖הַּ חֲמִשִּׁ֣ים אַמָּ֑ה

Et le roi dit :
QU'ON L'Y PENDE !
10 HAMAN fut donc pendu à la potence qu'il avait préparée pour Mardochée...
... et la colère du roi s'apaisa.

וַיֹּאמֶר הַמֶּלֶךְ

תְּלֻהוּ עָלָיו׃

י וַיִּתְלוּ אֶת־הָמָן עַל־הָעֵץ
אֲשֶׁר־הֵכִין לְמָרְדֳּכָי
וַחֲמַת הַמֶּלֶךְ שָׁכָכָה׃

CHAPITRE 8

1 Le même jour, le roi Assuérus donna à la reine Esther tout le domaine d'HAMAN, ennemi des Juifs...
... et Mardochée se présenta devant le roi, auquel Esther avait dévoilé leur lien de parenté.
2 Le roi ôta la bague qu'il avait auparavant donnée à HAMAN...
... pour la remettre à Mardochée...
... à qui Esther confia la gestion du domaine d'HAMAN.

א **בַּיּ֣וֹם** הַה֗וּא
נָתַ֞ן הַמֶּ֤לֶךְ אֲחַשְׁוֵרוֹשׁ֙ לְאֶסְתֵּ֣ר הַמַּלְכָּ֔ה
אֶת־בֵּ֥ית הָמָ֖ן צֹרֵ֣ר היהוד֑יים הַיְּהוּדִ֑ים
וּמָרְדֳּכַ֗י בָּ֚א לִפְנֵ֣י הַמֶּ֔לֶךְ
כִּֽי־הִגִּ֥ידָה אֶסְתֵּ֖ר מַ֥ה הוּא־לָֽהּ׃

ב וַיָּ֨סַר הַמֶּ֜לֶךְ אֶת־טַבַּעְתּ֗וֹ
אֲשֶׁ֤ר הֶֽעֱבִיר֙ מֵֽהָמָ֔ן
וַֽיִּתְּנָ֖הּ לְמָרְדֳּכָ֑י
וַתָּ֧שֶׂם אֶסְתֵּ֛ר אֶֽת־מָרְדֳּכַ֖י עַל־בֵּ֥ית הָמָֽן׃

3 Mais alors...
... Esther s'adressa de nouveau au roi. Elle tomba à ses pieds en pleurant et l'implora...
ANNULE LE DÉCRET DU CRUEL HAMAN, L'AGAGUITE, ET FAIS ÉCHOUER LE COMPLOT QU'IL A FOMENTÉ CONTRE LES JUIFS.
4 Le roi tendit son sceptre en or vers Esther, qui se releva et se tint debout face au roi.
5 S'IL PLAÎT AU ROI ET QU'IL M'ACCORDE SA FAVEUR, SI MA REQUÊTE LUI PARAÎT JUSTE ET QUE JE LUI SOIS AGRÉABLE...
... QU'IL RÉVOQUE LES LETTRES QU'HAMAN, FILS DE HAMEDATA, L'AGAGUITE...
... AVAIT ÉCRITES DANS LE DESSEIN D'ANÉANTIR TOUS LES JUIFS DANS TOUTES LES PROVINCES DU ROI.
6 CAR COMMENT POURRAIS-JE SUPPORTER D'ASSISTER AU MALHEUR QUI FRAPPERAIT MON PEUPLE--
COMMENT POURRAIS-JE ÊTRE LE TÉMOIN DE LA DISPARITION DES MIENS ?

ג וַתּוֹסֶף אֶסְתֵּר וַתְּדַבֵּר לִפְנֵי הַמֶּלֶךְ
וַתִּפֹּל לִפְנֵי רַגְלָיו וַתֵּבְךְּ וַתִּתְחַנֶּן־לוֹ
לְהַעֲבִיר אֶת־רָעַת הָמָן הָאֲגָגִי
וְאֵת מַחֲשַׁבְתּוֹ אֲשֶׁר חָשַׁב עַל־הַיְּהוּדִים׃

ד וַיּוֹשֶׁט הַמֶּלֶךְ לְאֶסְתֵּר אֵת שַׁרְבִט הַזָּהָב
וַתָּקָם אֶסְתֵּר וַתַּעֲמֹד לִפְנֵי הַמֶּלֶךְ׃

ה וַתֹּאמֶר
אִם־עַל־הַמֶּלֶךְ טוֹב
וְאִם־מָצָאתִי חֵן לְפָנָיו
וְכָשֵׁר הַדָּבָר לִפְנֵי הַמֶּלֶךְ
וְטוֹבָה אֲנִי בְּעֵינָיו
יִכָּתֵב לְהָשִׁיב אֶת־הַסְּפָרִים
מַחֲשֶׁבֶת הָמָן בֶּן־הַמְּדָתָא הָאֲגָגִי
אֲשֶׁר כָּתַב לְאַבֵּד אֶת־הַיְּהוּדִים
אֲשֶׁר בְּכָל־מְדִינוֹת הַמֶּלֶךְ׃

ו כִּי אֵיכָכָה אוּכַל וְרָאִיתִי
בָּרָעָה אֲשֶׁר־יִמְצָא אֶת־עַמִּי
וְאֵיכָכָה אוּכַל וְרָאִיתִי בְּאָבְדַן מוֹלַדְתִּי׃

7 Le roi Assuérus répondit à la reine Esther et au Juif Mardochée :
POUR MA PART, J'AI DÉJÀ DONNÉ LE DOMAINE D'HAMAN À ESTHER ET IL A ÉTÉ PENDU POUR AVOIR COMPLOTÉ CONTRE LES JUIFS.
8 QUANT À VOUS, ÉCRIVEZ CE QUE BON VOUS SEMBLE EN FAVEUR DES JUIFS, AU NOM DU ROI...
ET SCELLEZ VOTRE LETTRE AVEC L'ANNEAU DU ROI.
... MAIS!
... AUCUN ORDRE ÉCRIT AU NOM DU ROI ET FRAPPÉ DU SCEAU ROYAL...
... NE PEUT ÊTRE RÉVOQUÉ.

ז וַיֹּ֩אמֶר֩ הַמֶּ֨לֶךְ אֲחַשְׁוֵרֹ֜שׁ
לְאֶסְתֵּ֣ר הַמַּלְכָּ֔ה וּֽלְמָרְדֳּכַ֖י הַיְּהוּדִ֑י
הִנֵּ֨ה בֵית־הָמָ֜ן נָתַ֣תִּי לְאֶסְתֵּ֗ר
וְאֹתוֹ֙ תָּל֣וּ עַל־הָעֵ֔ץ
עַ֛ל אֲשֶׁר־שָׁלַ֥ח יָד֖וֹ ביהודיים׃ בַּיְּהוּדִֽים

ח וְאַתֶּ֡ם כִּתְב֩וּ עַל־הַיְּהוּדִ֨ים
כַּטּ֤וֹב בְּעֵינֵיכֶם֙ בְּשֵׁ֣ם הַמֶּ֔לֶךְ
וְחִתְמ֖וּ בְּטַבַּ֣עַת הַמֶּ֑לֶךְ
כִּֽי־כְתָ֞ב אֲשֶׁר־נִכְתָּ֣ב בְּשֵׁם־הַמֶּ֗לֶךְ
וְנַחְתּ֛וֹם בְּטַבַּ֥עַת הַמֶּ֖לֶךְ
אֵ֥ין לְהָשִֽׁיב׃

9 Aussitôt...
... les scribes du roi furent convoqués-- c'était le vingt-troisième jour du troisième mois, le mois de Sivan...
... et, sous la dictée de Mardochée, ils écrivirent aux Juifs, aux satrapes, aux gouverneurs et aux seigneurs de chaque province...
au total, 127 provinces de l'Inde à l'Éthiopie...
... à chaque province, selon son écriture...
... et à chaque nation, selon sa langue...
... et aux Juifs selon leur écriture et leur langue.

ט וַיִּקָּרְא֣וּ סֹפְרֵֽי־הַמֶּ֣לֶךְ בָּֽעֵת־הַ֠הִיא
בַּחֹ֨דֶשׁ הַשְּׁלִישִׁ֜י הוּא־חֹ֣דֶשׁ סִיוָ֗ן
בִּשְׁלוֹשָׁ֣ה וְעֶשְׂרִים֮ בּוֹ֒
וַיִּכָּתֵ֣ב כְּֽכָל־אֲשֶׁר־צִוָּ֣ה מָרְדֳּכַ֣י
אֶל־הַ֠יְּהוּדִ֠ים
וְאֶ֣ל הָאֲחַשְׁדַּרְפְּנִֽים
וְהַפַּחוֹת֩
וְשָׂרֵ֨י הַמְּדִינ֜וֹת
אֲשֶׁ֣ר ׀ מֵהֹ֣דּוּ וְעַד־כּ֗וּשׁ
שֶׁ֣בַע וְעֶשְׂרִ֤ים וּמֵאָה֙ מְדִינָ֔ה
מְדִינָ֤ה וּמְדִינָה֙ כִּכְתָבָ֔הּ
וְעַ֥ם וָעָ֖ם כִּלְשֹׁנ֑וֹ
וְאֶ֨ל־הַיְּהוּדִ֔ים כִּכְתָבָ֖ם וְכִלְשׁוֹנָֽם׃

10 Tout fut écrit au nom du roi Assuérus et frappé du sceau royal...
... Les lettres furent portées par des courriers montés sur de rapides coursiers, élevés dans les écuries royales...
11 ... Le roi y accordait aux Juifs de chaque province le droit de s'assembler, résister et se défendre...
... de tuer, décimer et anéantir toutes les hordes armées des peuples et des provinces qui les menaçaient, y compris les femmes et les enfants, et de piller leurs biens...
12 et cela, en un seul jour, le treizième jour du douzième mois--le mois d'Adar--dans toutes les provinces du roi Assuérus.
13 Une copie de cet édit, destiné à être promulgué comme loi dans chaque province, serait affichée au regard de tous...
... pour que les Juifs fussent prêts, au jour dit, à tirer vengeance de leurs ennemis.
14 Sur ordre du roi, les courriers, montés sur les rapides coursiers des écuries royales, partirent au galop...
... et la loi fut aussi promulguée...
... à Suse, la capitale.

י וַיִּכְתֹּ֗ב בְּשֵׁם֙ הַמֶּ֣לֶךְ אֲחַשְׁוֵרֹ֔שׁ
וַיַּחְתֹּ֖ם בְּטַבַּ֣עַת הַמֶּ֑לֶךְ
וַיִּשְׁלַ֣ח סְפָרִ֡ים בְּיַד֩ הָרָצִ֨ים בַּסּוּסִ֜ים רֹכְבֵ֤י הָרֶ֙כֶשׁ֙
הָאֲחַשְׁתְּרָנִ֔ים בְּנֵ֖י הָֽרַמָּכִֽים׃

יא אֲשֶׁר֩ נָתַ֨ן הַמֶּ֜לֶךְ לַיְּהוּדִ֣ים ׀
אֲשֶׁ֣ר ׀ בְּכָל־עִ֣יר וָעִ֗יר
לְהִקָּהֵל֮ וְלַעֲמֹ֣ד עַל־נַפְשָׁם֒
לְהַשְׁמִיד֩ וְלַהֲרֹ֨ג וּלְאַבֵּ֜ד
אֶת־כָּל־חֵ֨יל עַ֧ם וּמְדִינָ֛ה הַצָּרִ֥ים אֹתָ֖ם
טַ֣ף וְנָשִׁ֑ים וּשְׁלָלָ֖ם לָבֽוֹז׃

יב בְּי֣וֹם אֶחָ֗ד בְּכָל־מְדִינוֹת֙ הַמֶּ֣לֶךְ אֲחַשְׁוֵר֑וֹשׁ
בִּשְׁלוֹשָׁ֥ה עָשָׂ֛ר לְחֹ֥דֶשׁ שְׁנֵים־עָשָׂ֖ר
הוּא־חֹ֥דֶשׁ אֲדָֽר׃

יג פַּתְשֶׁ֣גֶן הַכְּתָ֗ב לְהִנָּתֵ֤ן דָּת֙ בְּכָל־מְדִינָ֣ה וּמְדִינָ֔ה
גָּל֖וּי לְכָל־הָעַמִּ֑ים
וְלִהְי֨וֹת היהודיים עתודים לַיּ֣וֹם הַזֶּ֔ה (הַיְּהוּדִ֤ים עֲתִידִים֙)
לְהִנָּקֵ֖ם מֵאֹיְבֵיהֶֽם׃

יד הָרָצִ֞ים רֹכְבֵ֤י הָרֶ֙כֶשׁ֙ הָאֲחַשְׁתְּרָנִ֔ים
יָֽצְא֛וּ מְבֹהָלִ֥ים וּדְחוּפִ֖ים בִּדְבַ֣ר הַמֶּ֑לֶךְ
וְהַדָּ֥ת נִתְּנָ֖ה בְּשׁוּשַׁ֥ן הַבִּירָֽה׃

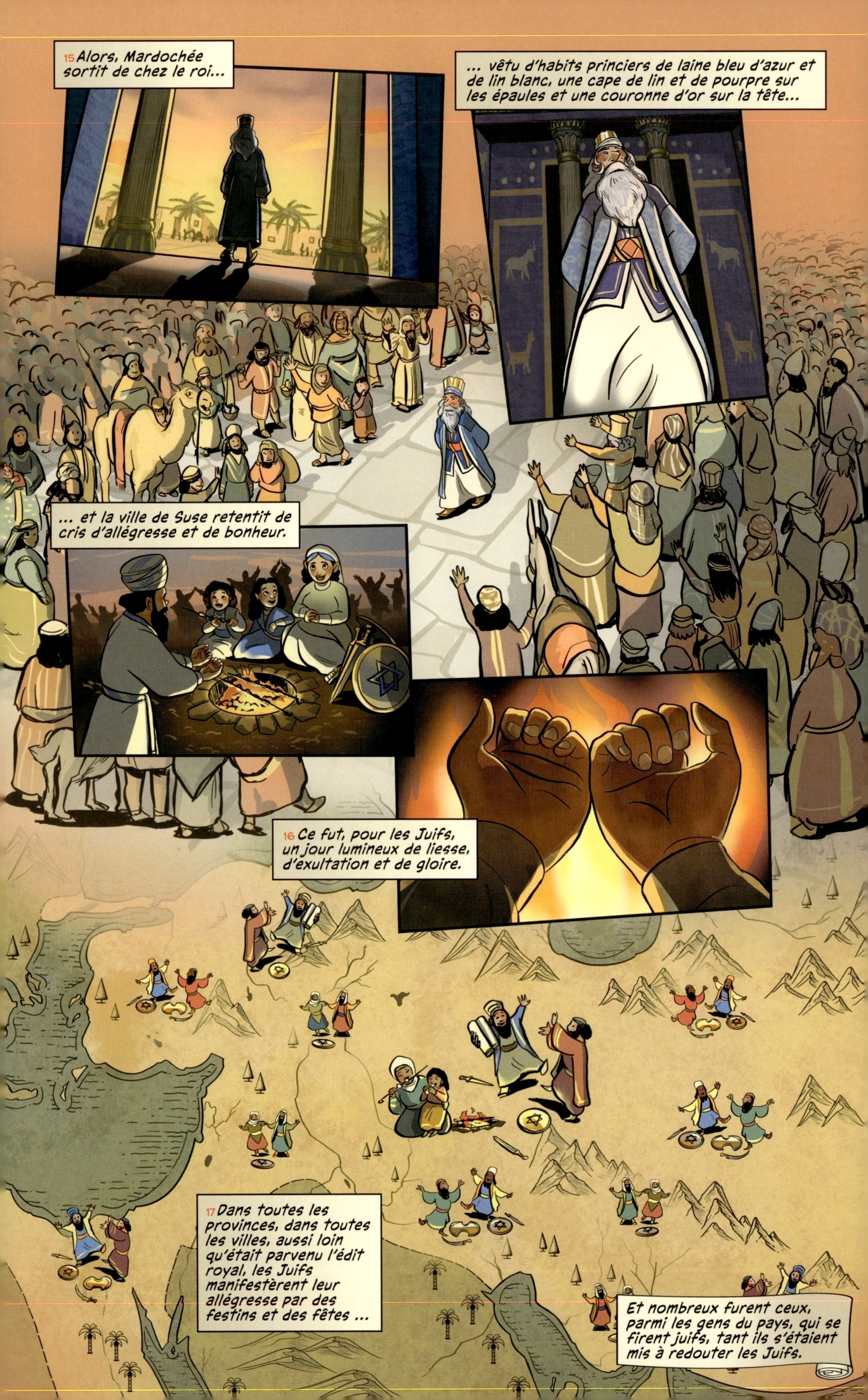

15 Alors, Mardochée sortit de chez le roi...
... vêtu d'habits princiers de laine bleu d'azur et de lin blanc, une cape de lin et de pourpre sur les épaules et une couronne d'or sur la tête...
... et la ville de Suse retentit de cris d'allégresse et de bonheur.
16 Ce fut, pour les Juifs, un jour lumineux de liesse, d'exultation et de gloire.
17 Dans toutes les provinces, dans toutes les villes, aussi loin qu'était parvenu l'édit royal, les Juifs manifestèrent leur allégresse par des festins et des fêtes ...
Et nombreux furent ceux, parmi les gens du pays, qui se firent juifs, tant ils s'étaient mis à redouter les Juifs.

טו וּמָרְדֳּכַ֞י יָצָ֣א ׀ מִלִּפְנֵ֣י הַמֶּ֗לֶךְ
בִּלְב֤וּשׁ מַלְכוּת֙
תְּכֵ֣לֶת וָח֔וּר
וַעֲטֶ֤רֶת זָהָב֙ גְּדוֹלָ֔ה
וְתַכְרִ֥יךְ בּ֖וּץ וְאַרְגָּמָ֑ן
וְהָעִ֣יר שׁוּשָׁ֔ן
צָהֲלָ֖ה וְשָׂמֵֽחָה׃

טז לַיְּהוּדִ֕ים הָֽיְתָ֥ה
אוֹרָ֖ה וְשִׂמְחָ֑ה
וְשָׂשֹׂ֖ן וִיקָֽר׃

יז וּבְכָל־מְדִינָ֨ה וּמְדִינָ֜ה וּבְכָל־עִ֣יר וָעִ֗יר
מְקוֹם֙ אֲשֶׁ֨ר דְּבַר־הַמֶּ֤לֶךְ וְדָתוֹ֙ מַגִּ֔יעַ
שִׂמְחָ֤ה וְשָׂשׂוֹן֙ לַיְּהוּדִ֔ים מִשְׁתֶּ֖ה וְי֣וֹם ט֑וֹב
וְרַבִּ֞ים מֵעַמֵּ֤י הָאָ֙רֶץ֙ מִֽתְיַהֲדִ֔ים
כִּֽי־נָפַ֥ל פַּֽחַד־הַיְּהוּדִ֖ים עֲלֵיהֶֽם׃

CHAPITRE 9

1Au treizième jour du douzième mois, le mois d'Adar, le jour où l'édit royal devait entrer en vigueur…
… le jour où les ennemis des Juifs avaient espéré les écraser…
… la situation s'inversa…
… ce furent les Juifs qui écrasèrent ceux qui les haïssaient.
2Les Juifs se rassemblèrent dans leurs villes, dans toutes les provinces du roi Assuérus, pour frapper ceux qui voulaient leur perte…
… et personne ne leur opposa de résistance, tant était grande la peur que les Juifs inspiraient aux autres peuples.
3Les seigneurs des provinces, les satrapes, les gouverneurs et les fonctionnaires du roi, par peur de Mardochée, apportèrent même leur soutien aux Juifs.
4Car Mardochée était maintenant puissant dans le palais du roi et sa renommée se répandait dans toutes les provinces : le pouvoir de cet homme, de ce Mardochée, ne cessait de croître.

א וּבִשְׁנֵים֩ עָשָׂ֨ר חֹ֜דֶשׁ הוּא־חֹ֣דֶשׁ אֲדָ֗ר
בִּשְׁלוֹשָׁ֨ה עָשָׂ֥ר יוֹם֙ בּ֔וֹ
אֲשֶׁ֨ר הִגִּ֧יעַ דְּבַר־הַמֶּ֛לֶךְ וְדָת֖וֹ לְהֵעָשׂ֑וֹת
בַּיּ֗וֹם אֲשֶׁ֨ר שִׂבְּר֜וּ אֹיְבֵ֤י הַיְּהוּדִים֙ לִשְׁל֣וֹט בָּהֶ֔ם
וְנַהֲפ֣וֹךְ ה֔וּא
אֲשֶׁ֨ר יִשְׁלְט֧וּ הַיְּהוּדִ֛ים הֵ֖מָּה בְּשֹׂנְאֵיהֶֽם׃

ב נִקְהֲל֨וּ הַיְּהוּדִ֜ים בְּעָרֵיהֶ֗ם
בְּכָל־מְדִינוֹת֙ הַמֶּ֣לֶךְ אֲחַשְׁוֵר֔וֹשׁ
לִשְׁלֹ֣חַ יָ֔ד בִּמְבַקְשֵׁ֖י רָֽעָתָ֑ם
וְאִישׁ֙ לֹא־עָמַ֣ד לִפְנֵיהֶ֔ם
כִּֽי־נָפַ֥ל פַּחְדָּ֖ם עַל־כָּל־הָֽעַמִּֽים׃

ג וְכָל־שָׂרֵ֨י הַמְּדִינ֜וֹת וְהָאֲחַשְׁדַּרְפְּנִ֣ים
וְהַפַּח֗וֹת וְעֹשֵׂ֤י הַמְּלָאכָה֙ אֲשֶׁ֣ר לַמֶּ֔לֶךְ
מְנַשְּׂאִ֖ים אֶת־הַיְּהוּדִ֑ים
כִּֽי־נָפַ֥ל פַּֽחַד־מָרְדֳּכַ֖י עֲלֵיהֶֽם׃

ד כִּֽי־גָד֤וֹל מָרְדֳּכַי֙ בְּבֵ֣ית הַמֶּ֔לֶךְ
וְשָׁמְע֖וֹ הוֹלֵ֣ךְ בְּכָל־הַמְּדִינ֑וֹת
כִּֽי־הָאִ֥ישׁ מָרְדֳּכַ֖י הוֹלֵ֥ךְ וְגָדֽוֹל׃

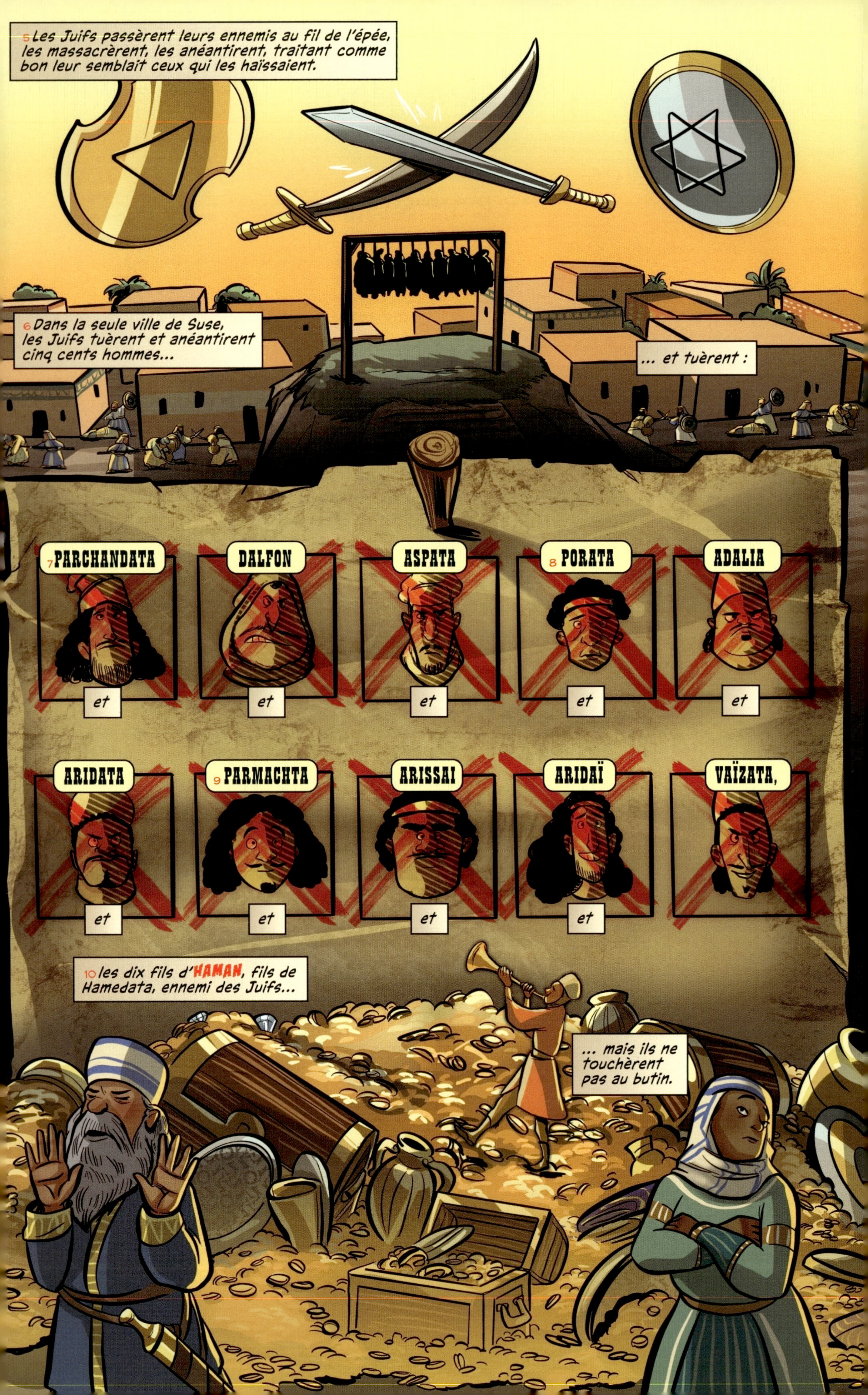
5 Les Juifs passèrent leurs ennemis au fil de l'épée, les massacrèrent, les anéantirent, traitant comme bon leur semblait ceux qui les haïssaient.
6 Dans la seule ville de Suse, les Juifs tuèrent et anéantirent cinq cents hommes...
... et tuèrent :
7 PARCHANDATA
et
DALFON
et
ASPATA
et
8 PORATA
et
ADALIA
et
ARIDATA
et
9 PARMACHTA
et
ARISSAI
et
ARIDAÏ
et
VAÏZATA,
10 les dix fils d'HAMAN, fils de Hamedata, ennemi des Juifs...
... mais ils ne touchèrent pas au butin.

ה וַיַּכּ֤וּ הַיְּהוּדִים֙ בְּכָל־אֹ֣יְבֵיהֶ֔ם
מַכַּת־חֶ֥רֶב וְהֶ֖רֶג וְאַבְדָ֑ן
וַיַּעֲשׂ֥וּ בְשֹׂנְאֵיהֶ֖ם כִּרְצוֹנָֽם׃

ו וּבְשׁוּשַׁ֣ן הַבִּירָ֗ה הָרְג֤וּ הַיְּהוּדִים֙ וְאַבֵּ֔ד
ז חֲמֵ֥שׁ מֵא֖וֹת אִֽישׁ׃ וְאֵ֣ת ׀
פַּרְשַׁנְדָּ֗תָא וְאֵ֥ת ׀
דַּלְפ֖וֹן וְאֵ֥ת ׀
ח אַסְפָּֽתָא׃ וְאֵ֣ת ׀
פּוֹרָ֗תָא וְאֵ֥ת ׀
אֲדַלְיָ֖א וְאֵ֥ת ׀
ט אֲרִידָֽתָא׃ וְאֵ֣ת ׀
פַּרְמַ֗שְׁתָּא וְאֵ֤ת ׀
אֲרִיסַי֙ וְאֵ֣ת ׀
אֲרִדַ֔י וְאֵ֖ת ׀
י וַיְזָֽתָא׃ עֲשֶׂ֡רֶת
בְּנֵ֨י הָמָ֧ן בֶּן־הַמְּדָ֛תָא צֹרֵ֥ר הַיְּהוּדִ֖ים
הָרָ֑גוּ וּבַּבִּזָּ֕ה לֹ֥א שָֽׁלְח֖וּ אֶת־יָדָֽם׃

11 Le même jour, le compte des morts dans la cité impériale de Suse fut communiqué au roi...
12 RIEN QU'À SUSE, LA CAPITALE, LES JUIFS ONT TUÉ CINQ CENTS HOMMES ET LES DIX FILS D'HAMAN...
QUE N'AURONT-ILS PAS FAIT DANS LES AUTRES PROVINCES DU ROI !
ET MAINTENANT QUE DÉSIRES-TU ? TU L'AURAS. QUE DEMANDES-TU D'AUTRE ? CE SERA FAIT.
13 S'IL PLAÎT AU ROI, QU'IL ACCORDE AUX JUIFS DE SUSE DE FAIRE DEMAIN CE QU'ILS ONT FAIT AUJOURD'HUI...
... ET QU'IL FASSE PENDRE LES DIX FILS D'HAMAN À LA POTENCE.
14 Le roi en donna l'ordre--
--un édit fut promulgué à Suse...
... et les dix fils d'HAMAN furent pendus.

יא בַּיּ֣וֹם הַה֗וּא
בָּ֣א מִסְפַּ֧ר הַהֲרוּגִ֛ים בְּשׁוּשַׁ֥ן הַבִּירָ֖ה
לִפְנֵ֥י הַמֶּֽלֶךְ׃

יב וַיֹּ֨אמֶר הַמֶּ֜לֶךְ לְאֶסְתֵּ֣ר הַמַּלְכָּ֗ה
בְּשׁוּשַׁ֣ן הַבִּירָ֡ה הָרְג֣וּ הַיְּהוּדִים֩ וְאַבֵּ֨ד
חֲמֵ֤שׁ מֵאוֹת֙ אִ֔ישׁ
וְאֵת֙ עֲשֶׂ֣רֶת בְּנֵֽי־הָמָ֔ן
בִּשְׁאָ֛ר מְדִינ֥וֹת הַמֶּ֖לֶךְ מֶ֣ה עָשׂ֑וּ
וּמַה־שְּׁאֵלָתֵךְ֙ וְיִנָּ֣תֵֽן לָ֔ךְ
וּמַה־בַּקָּשָׁתֵ֥ךְ ע֖וֹד וְתֵעָֽשׂ׃

יג וַתֹּ֤אמֶר אֶסְתֵּר֙
אִם־עַל־הַמֶּ֣לֶךְ ט֔וֹב
יִנָּתֵ֣ן גַּם־מָחָ֗ר לַיְּהוּדִים֙ אֲשֶׁ֣ר בְּשׁוּשָׁ֔ן
לַעֲשׂ֖וֹת כְּדָ֣ת הַיּ֑וֹם
וְאֵ֛ת עֲשֶׂ֥רֶת בְּנֵֽי־הָמָ֖ן יִתְל֥וּ עַל־הָעֵֽץ׃

יד וַיֹּ֤אמֶר הַמֶּ֙לֶךְ֙ לְהֵעָשׂ֣וֹת כֵּ֔ן
וַתִּנָּתֵ֥ן דָּ֖ת בְּשׁוּשָׁ֑ן
וְאֵ֛ת עֲשֶׂ֥רֶת בְּנֵֽי־הָמָ֖ן תָּלֽוּ׃

15 Les Juifs de Suse se rassemblèrent de nouveau au quatorzième jour d'Adar...
... et tuèrent trois cents hommes à Suse, sans jamais toucher au butin.
16 De leur côté, les autres Juifs des provinces du roi, qui s'étaient mobilisés pour se défendre...
... se virent délivrés de leurs haineux ennemis après en avoir tué soixante-dix mille, sans jamais toucher au butin.
17 Ces événements eurent lieu au treizième jour du mois d'Adar.
Au quatorzième jour, ils se reposèrent...
... et firent de ce jour, un jour de fête et d'allégresse.

טו וַיִּקָּהֲל֞וּ היהודיים אֲשֶׁר־בְּשׁוּשָׁ֗ן הַיְּהוּדִ֔ים
גַּ֚ם בְּי֣וֹם אַרְבָּעָ֤ה עָשָׂר֙ לְחֹ֣דֶשׁ אֲדָ֔ר
וַיַּֽהַרְג֣וּ בְשׁוּשָׁ֔ן שְׁלֹ֥שׁ מֵא֖וֹת אִ֑ישׁ
וּבַ֙בִּזָּ֔ה לֹ֥א שָׁלְח֖וּ אֶת־יָדָֽם׃

טז וּשְׁאָ֣ר הַיְּהוּדִ֡ים אֲשֶׁר֩ בְּמְדִינ֨וֹת הַמֶּ֜לֶךְ
נִקְהֲל֣וּ ׀ וְעָמֹ֣ד עַל־נַפְשָׁ֗ם
וְנ֙וֹחַ֙ מֵאֹ֣יְבֵיהֶ֔ם וְהָרוֹג֙ בְּשֹׂ֣נְאֵיהֶ֔ם
חֲמִשָּׁ֥ה וְשִׁבְעִ֖ים אָ֑לֶף
וּבַ֙בִּזָּ֔ה לֹ֥א שָֽׁלְח֖וּ אֶת־יָדָֽם׃

יז בְּיוֹם־שְׁלוֹשָׁ֥ה עָשָׂ֖ר לְחֹ֣דֶשׁ אֲדָ֑ר
וְנ֗וֹחַ בְּאַרְבָּעָ֤ה עָשָׂר֙ בּ֔וֹ
וְעָשֹׂ֣ה אֹת֔וֹ י֖וֹם מִשְׁתֶּ֥ה וְשִׂמְחָֽה׃

18 Les Juifs de Suse, qui s'étaient rassemblés les treizième et quatorzième jours, se reposèrent le quinzième dont ils firent un jour de fête et d'allégresse.
19 C'est pourquoi les Juifs provinciaux, habitant des villes non fortifiées...
... font du quatorzième jour d'Adar un jour de bonheur, de fête et de réjouissance...
... un jour où l'on s'échange de bons mets.
20 Mardochée mit tout ceci par écrit et envoya des lettres aux Juifs de toutes les provinces, proches et lointaines, du roi Assuérus...
21 ... leur prescrivant de célébrer tous les ans les quatorzième et quinzième jours--

יח והיהודיים אֲשֶׁר־בְּשׁוּשָׁ֗ן וְהַיְּהוּדִ֣ים
נִקְהֲלוּ֙ בִּשְׁלוֹשָׁ֤ה עָשָׂר֙ בּ֔וֹ
וּבְאַרְבָּעָ֥ה עָשָׂ֖ר בּ֑וֹ
וְנ֗וֹחַ בַּחֲמִשָּׁ֤ה עָשָׂר֙ בּ֔וֹ
וְעָשֹׂ֣ה אֹת֔וֹ י֖וֹם מִשְׁתֶּ֥ה וְשִׂמְחָֽה׃

יט עַל־כֵּ֞ן הַיְּהוּדִ֣ים הפרוזים הַפְּרָזִ֗ים
הַיֹּֽשְׁבִים֮ בְּעָרֵ֣י הַפְּרָזוֹת֒
עֹשִׂ֗ים אֵ֠ת י֣וֹם אַרְבָּעָ֤ה עָשָׂר֙ לְחֹ֣דֶשׁ אֲדָ֔ר
שִׂמְחָ֥ה וּמִשְׁתֶּ֖ה וְי֣וֹם ט֑וֹב
וּמִשְׁלֹ֥חַ מָנ֖וֹת אִ֥ישׁ לְרֵעֵֽהוּ׃

כ וַיִּכְתֹּ֣ב מָרְדֳּכַ֔י אֶת־הַדְּבָרִ֖ים הָאֵ֑לֶּה
וַיִּשְׁלַ֨ח סְפָרִ֜ים אֶל־כָּל־הַיְּהוּדִ֗ים
אֲשֶׁר֙ בְּכָל־מְדִינוֹת֙ הַמֶּ֣לֶךְ אֲחַשְׁוֵר֔וֹשׁ
הַקְּרוֹבִ֖ים וְהָרְחוֹקִֽים׃

כא לְקַיֵּם֮ עֲלֵיהֶם֒
לִהְי֣וֹת עֹשִׂ֗ים אֵ֠ת י֣וֹם אַרְבָּעָ֤ה עָשָׂר֙ לְחֹ֣דֶשׁ אֲדָ֔ר
וְאֵ֛ת יוֹם־חֲמִשָּׁ֥ה עָשָׂ֖ר בּ֑וֹ
בְּכָל־שָׁנָ֖ה וְשָׁנָֽה׃

23 *Et les Juifs acceptèrent ce qu'ils avaient déjà commencé à pratiquer et que Mardochée leur avait prescrit.*

כב כַּיָּמִ֗ים אֲשֶׁר־נָ֨חוּ בָהֶ֤ם הַיְּהוּדִים֙ מֵאֹ֣יְבֵיהֶ֔ם
וְהַחֹ֗דֶשׁ אֲשֶׁר֩ נֶהְפַּ֨ךְ לָהֶ֤ם
מִיָּגוֹן֙ לְשִׂמְחָ֔ה
וּמֵאֵ֖בֶל לְי֣וֹם ט֑וֹב
לַעֲשׂ֣וֹת אוֹתָ֗ם יְמֵי֙ מִשְׁתֶּ֣ה וְשִׂמְחָ֔ה
וּמִשְׁלֹ֤חַ מָנוֹת֙ אִ֣ישׁ לְרֵעֵ֔הוּ
וּמַתָּנ֖וֹת לָֽאֶבְיֹנִֽים׃

כג וְקִבֵּל֙ הַיְּהוּדִ֔ים אֵ֥ת אֲשֶׁר־הֵחֵ֖לּוּ לַעֲשׂ֑וֹת
וְאֵ֛ת אֲשֶׁר־כָּתַ֥ב מָרְדֳּכַ֖י אֲלֵיהֶֽם׃

24 Car, HAMAN, fils de Hamedata, l'Agaguite, ennemi de tous les Juifs, avait conçu le dessein de les anéantir et avait fixé par un pour, un tirage au sort, la date de leur extermination.
25 Quand le roi l'apprit, il promulgua un édit pour que l'ignoble complot que l'Agagite avait fomenté contre les Juifs, se retournât contre lui-même...
... et que lui et ses fils fussent pendus à la potence.
NUREMBERG

כד כִּי֩ הָמָ֨ן בֶּן־הַמְּדָ֜תָא הָאֲגָגִ֗י
צֹרֵר֙ כָּל־הַיְּהוּדִ֔ים
חָשַׁ֥ב עַל־הַיְּהוּדִ֖ים לְאַבְּדָ֑ם
וְהִפִּ֥ל פּוּר֙ ה֣וּא הַגּוֹרָ֔ל
לְהֻמָּ֖ם וּלְאַבְּדָֽם׃

כה וּבְבֹאָהּ֮ לִפְנֵ֣י הַמֶּלֶךְ֒ אָמַ֣ר
עִם־הַסֵּ֔פֶר יָשׁ֞וּב מַחֲשַׁבְתּ֧וֹ הָרָעָ֛ה
אֲשֶׁר־חָשַׁ֥ב עַל־הַיְּהוּדִ֖ים עַל־רֹאשׁ֑וֹ
וְתָל֥וּ אֹת֛וֹ וְאֶת־בָּנָ֖יו עַל־הָעֵֽץ׃

26 Voilà pourquoi ces jours-là furent nommés Pourim en référence au pour.
En respect des prescriptions de la lettre et en souvenir de ce qu'ils avaient vu et enduré...
27 ... ils prirent l'engagement irrévocable pour eux, leurs descendants et ceux qui se joindraient à eux...
... de ne jamais négliger de célébrer ces deux jours, chaque année, à la date fixée, comme prescrit...
28 de les commémorer et de les célébrer de génération en génération...
... dans chaque famille, dans chaque province, dans chaque ville...
... de ne jamais laisser ces jours de Pourim s'éteindre parmi les Juifs...
... ni s'effacer de la mémoire de leurs enfants.
פורים

כו עַל־כֵּ֡ן קָֽרְא֞וּ לַיָּמִ֨ים הָאֵ֤לֶּה

פוּרִים֙

עַל־שֵׁ֣ם הַפּ֔וּר

עַל־כֵּ֕ן עַל־כָּל־דִּבְרֵ֖י **הָאִגֶּ֣רֶת הַזֹּ֑את**

וּמָֽה־רָא֣וּ עַל־כָּ֔כָה וּמָ֥ה הִגִּ֖יעַ אֲלֵיהֶֽם׃

כז קִיְּמ֣וּ וְקִבְּל֣וּ הַיְּהוּדִ֡ים ׀

עֲלֵיהֶ֣ם ׀ וְעַל־זַרְעָ֡ם

וְעַ֨ל כָּל־הַנִּלְוִ֤ים עֲלֵיהֶם֙

וְלֹ֣א יַעֲב֔וֹר

לִהְי֣וֹת עֹשִׂ֗ים אֵ֚ת שְׁנֵ֣י הַיָּמִ֣ים הָאֵ֔לֶּה

כִּכְתָבָ֖ם וְכִזְמַנָּ֑ם בְּכָל־שָׁנָ֖ה וְשָׁנָֽה׃

כח וְהַיָּמִ֣ים הָ֠אֵלֶּה נִזְכָּרִ֨ים וְנַעֲשִׂ֜ים

בְּכָל־דּ֣וֹר וָד֗וֹר

מִשְׁפָּחָה֙ וּמִשְׁפָּחָ֔ה

מְדִינָ֥ה וּמְדִינָ֖ה

וְעִ֣יר וָעִ֑יר

וִימֵ֞י הַפּוּרִ֣ים הָאֵ֗לֶּה

לֹ֤א יַֽעַבְרוּ֙ מִתּ֣וֹךְ הַיְּהוּדִ֔ים

וְזִכְרָ֖ם לֹא־יָס֥וּף מִזַּרְעָֽם׃

פרק א פרק ב פרק ג פרק ד פרק ה פרק ו פרק ז פרק ח פרק ט פרק י

29 Puis la reine Esther, fille d'Abihaïl, et Mardochée, le Juif, usant de toute leur autorité, confirmèrent les prescriptions dans une deuxième lettre de Pourim.

30 Qu'ils envoyèrent à tous les Juifs des 127 provinces de l'empire d'Assuérus comme un message de paix et de vérité.

31 Ces lettres confirmaient la date des jours de Pourim, fixée par la reine Esther et le Juif Mardochée pour eux-mêmes et pour leurs enfants, et précisaient les jeûnes et les prières qui y étaient associés.

32 Les ordres d'Esther établirent définitivement les règles de Pourim et furent mis par écrit.

כט וַתִּכְתֹּ֞ב אֶסְתֵּ֧ר הַמַּלְכָּ֛ה בַת־אֲבִיחַ֖יִל
וּמׇרְדֳּכַ֣י הַיְּהוּדִ֑י
אֶת־כׇּל־תֹּ֑קֶף
לְקַיֵּ֗ם אֵ֣ת אִגֶּ֧רֶת הַפֻּרִ֛ים הַזֹּ֖את הַשֵּׁנִֽית׃

ל וַיִּשְׁלַ֨ח סְפָרִ֜ים אֶל־כׇּל־הַיְּהוּדִ֗ים
אֶל־שֶׁ֨בַע וְעֶשְׂרִ֤ים וּמֵאָה֙ מְדִינָ֔ה
מַלְכ֖וּת אֲחַשְׁוֵר֑וֹשׁ
דִּבְרֵ֥י שָׁל֖וֹם וֶאֱמֶֽת׃

לא לְקַיֵּ֡ם אֶת־יְמֵי֩ הַפֻּרִ֨ים הָאֵ֜לֶּה בִּזְמַנֵּיהֶ֗ם
כַּאֲשֶׁר֩ קִיַּ֨ם עֲלֵיהֶ֜ם
מׇרְדֳּכַ֤י הַיְּהוּדִי֙ וְאֶסְתֵּ֣ר הַמַּלְכָּ֔ה
וְכַאֲשֶׁ֛ר קִיְּמ֥וּ עַל־נַפְשָׁ֖ם וְעַל־זַרְעָ֑ם
דִּבְרֵ֥י הַצּוֹמ֖וֹת וְזַעֲקָתָֽם׃

לב וּמַאֲמַ֣ר אֶסְתֵּ֔ר
קִיַּ֕ם דִּבְרֵ֥י הַפֻּרִ֖ים הָאֵ֑לֶּה
וְנִכְתָּ֖ב בַּסֵּֽפֶר׃

CHAPITRE 10

א וַיָּ֩שֶׂם֩ הַמֶּ֨לֶךְ אחשרש מַ֛ס עַל־הָאָ֖רֶץ וְאִיֵּ֥י הַיָּֽם׃ אֲחַשְׁוֵר֥וֹשׁ

ב וְכׇל־מַעֲשֵׂ֤ה תׇקְפּוֹ֙ וּגְב֣וּרָת֔וֹ
וּפָרָשַׁת֙ גְּדֻלַּ֣ת מׇרְדֳּכַ֔י אֲשֶׁ֥ר גִּדְּל֖וֹ הַמֶּ֑לֶךְ
הֲלוֹא־הֵ֣ם כְּתוּבִ֗ים עַל־סֵ֙פֶר֙ דִּבְרֵ֣י הַיָּמִ֔ים
לְמַלְכֵ֖י מָדַ֥י וּפָרָֽס׃

1 Par la suite, le roi Assuérus...
... imposa un tribut aux peuples du continent et des îles.
2 Quant à Mardochée, ses accomplissements, l'apologie de son autorité, de sa puissance, la grandeur dont le roi l'avait investi...
... ne sont-ils pas déjà notés dans le livre des chroniques des rois de Médie et de Perse ?

3 Car Mardochée le Juif...
... venait en second...
... après le roi Assuérus...
... Il était vénéré parmi les Juifs...
... aimé par la multitude...
... de ses frères...

ג כִּ֣י ׀ מָרְדֳּכַ֣י הַיְּהוּדִ֗י
מִשְׁנֶה֙ לַמֶּ֣לֶךְ אֲחַשְׁוֵר֔וֹשׁ
וְגָדוֹל֙ לַיְּהוּדִ֔ים
וְרָצ֖וּי לְרֹ֣ב אֶחָ֑יו

... car il œuvra pour le bien de son peuple...

דֹּרֵ֥שׁ
טוֹב֙
לְעַמּ֔וֹ

... et répandit des paroles de paix...
... sur tous ses enfants.

וְדֹבֵר שָׁלוֹם

לְכָל־זַרְעוֹ׃

ברכה אחרי המגילה
BERAKHOTH DE CONCLUSION

Le rouleau est enroulé et le Lecteur dit:

בָּרוּךְ אַתָּה יהוה אֱלֹהֵינוּ מֶלֶךְ הָעוֹלָם
הָרָב אֶת רִיבֵנוּ, וְהַדָּן אֶת דִּינֵנוּ
וְהַנּוֹקֵם אֶת נִקְמָתֵנוּ
וְהַמְשַׁלֵּם גְּמוּל לְכָל אוֹיְבֵי נַפְשֵׁנוּ
וְהַנִּפְרָע לָנוּ מִצָּרֵינוּ.

בָּרוּךְ אַתָּה יהוה
הַנִּפְרָע לְעַמּוֹ יִשְׂרָאֵל מִכָּל צָרֵיהֶם
הָאֵל הַמּוֹשִׁיעַ.

Béni sois-Tu, Éternel, notre Dieu,
Roi de l'Univers,
qui plaide notre cause, défend nos droits,
nous venge de l'iniquité,
punit nos oppresseurs et
châtie nos ennemis.

Béni sois-Tu, Éternel,
qui venge son peuple, Israël,
de tous ses ennemis,
Dieu qui apporte le salut.

Après la lecture de nuit de la Méguila, on dit:

[L'Eternel] fit échouer le dessein des nations,
déjoua les intentions des fourbes.
Un homme malfaisant se dressa contre nous,
une branche arrogante de l'arbre d'Amalek,
hautain, riche, il creusa lui-même sa tombe.
Son orgueil devint son propre piège.
Il tomba dans le piège qu'il avait tendu à d'autres.
Cherchant à détruire, il fut détruit.
Haman partageait la haine de ses ancêtres,
et attisa contre des enfants l'hostilité des frères.
Il ne se souvint pas de la miséricorde de Saül,
sa compassion pour Agag, de laquelle est né un nouvel ennemi.
Les méchants voulaient exterminer les justes,
mais l'impur fut vaincu par le pur.
La bonté [de Mardochée] effaça l'erreur du père [Saül],
mais le méchant [Haman] accumula péché sur péché.
Il cacha ses machinations dans son cœur,
résolu à faire le mal.
Il tendit sa main contre les mains sacrées du Seigneur ;
il dépensa ses richesses pour détruire tout souvenir d'eux.
Quand Mardochée vit la fureur s'amplifier,
et les décrets d'Haman publiés à Suse,
il se vêtit d'un sac, prit le deuil,
décréta un jeûne et s'assit sur des cendres.
« Qui se dressera pour réparer cette faute,
et obtenir le pardon des péchés de nos ancêtres ? »
Une fleur s'épanouit sur un palmier ;
Hadassa apparut pour réveiller ceux qui dormaient.
Ses servantes pressèrent Haman de venir,
pour lui servir du vin mélangé au venin d'un serpent.
Il s'était élevé grâce à sa richesse, mais fut vaincu par sa malfaisance.
Il avait construit la potence à laquelle il fut pendu.
Tous les habitants du monde furent abasourdis
quand la machination d'Haman (pour) devint notre joie (Pourim).
Le juste fut sauvé des mains malveillantes,
le coupable subit le sort réservé à sa victime.
Ils s'engagèrent à célébrer Pourim,
et de s'en réjouir chaque année.
Tu as entendu la prière de Mardochée et Esther ;
et Haman et ses fils furent pendus à la potence.

Après la lecture de nuit de la Méguila, on dit:

אֲשֶׁר הֵנִיא עֲצַת גּוֹיִם, וַיָּפֶר מַחְשְׁבוֹת עֲרוּמִים.
בְּקוּם עָלֵינוּ אָדָם רָשָׁע, נֵצֶר זָדוֹן מִזֶּרַע עֲמָלֵק.
גָּאָה בְעָשְׁרוֹ וְכָרָה לוֹ בּוֹר, וּגְדֻלָּתוֹ יָקְשָׁה לוֹ לָכֶד.
דִּמָּה בְנַפְשׁוֹ לִלְכֹּד וְנִלְכַּד, בִּקֵּשׁ לְהַשְׁמִיד וְנִשְׁמַד מְהֵרָה.
הָמָן הוֹדִיעַ אֵיבַת אֲבוֹתָיו, וְעוֹרֵר שִׂנְאַת אַחִים לַבָּנִים.
וְלֹא זָכַר רַחֲמֵי שָׁאוּל, כִּי בְחֶמְלָתוֹ עַל אֲגָג נוֹלַד אוֹיֵב.
זָמַם רָשָׁע לְהַכְרִית צַדִּיק, וְנִלְכַּד טָמֵא בִּידֵי טָהוֹר.
חֶסֶד גָּבַר עַל שִׁגְגַת אָב, וְרָשָׁע הוֹסִיף חֵטְא עַל חֲטָאָיו.
טָמַן בְּלִבּוֹ מַחְשְׁבוֹת עֲרוּמָיו, וַיִּתְמַכֵּר לַעֲשׂוֹת רָעָה.
יָדוֹ שָׁלַח בִּקְדוֹשֵׁי אֵל, כַּסְפּוֹ נָתַן לְהַכְרִית זִכְרָם.
כִּרְאוֹת מָרְדְּכַי כִּי יָצָא קֶצֶף, וְדָתֵי הָמָן נִתְּנוּ בְשׁוּשָׁן.
לָבַשׁ שַׂק וְקָשַׁר מִסְפֵּד, וְגָזַר צוֹם וַיֵּשֶׁב עַל הָאֵפֶר.
מִי זֶה יַעֲמֹד לְכַפֵּר שְׁגָגָה, וְלִמְחֹל חַטַּאת עֲוֹן אֲבוֹתֵינוּ.
נֵץ פָּרַח מִלּוּלָב, הֵן הֲדַסָּה עָמְדָה לְעוֹרֵר יְשֵׁנִים.
סָרִיסֶיהָ הִבְהִילוּ לְהָמָן, לְהַשְׁקוֹתוֹ יֵין חֲמַת תַּנִּינִים.
עָמַד בְּעָשְׁרוֹ וְנָפַל בְּרִשְׁעוֹ, עָשָׂה לוֹ עֵץ וְנִתְלָה עָלָיו.
פִּיהֶם פָּתְחוּ כָּל יוֹשְׁבֵי תֵבֵל, כִּי פוּר הָמָן נֶהְפַּךְ לְפוּרֵנוּ.
צַדִּיק נֶחֱלַץ מִיַּד רָשָׁע, אוֹיֵב נִתַּן תַּחַת נַפְשׁוֹ.
קִיְּמוּ עֲלֵיהֶם לַעֲשׂוֹת פּוּרִים, וְלִשְׂמֹחַ בְּכָל שָׁנָה וְשָׁנָה.
רָאִיתָ אֶת תְּפִלַּת מָרְדְּכַי וְאֶסְתֵּר, הָמָן וּבָנָיו עַל הָעֵץ תָּלִיתָ.

Après la lecture de nuit et la lecture de jour de la Méguila, on dit:

שׁוֹשַׁנַּת יַעֲקֹב צָהֲלָה וְשָׂמֵחָה
בִּרְאוֹתָם יַחַד תְּכֵלֶת מָרְדְּכָי.
תְּשׁוּעָתָם הָיִיתָ לָנֶצַח
וְתִקְוָתָם בְּכָל דּוֹר וָדוֹר.
לְהוֹדִיעַ שֶׁכָּל קֹוֶיךָ לֹא יֵבֹשׁוּ
וְלֹא יִכָּלְמוּ לָנֶצַח כָּל הַחוֹסִים בָּךְ.
אָרוּר הָמָן אֲשֶׁר בִּקֵּשׁ לְאַבְּדִי
בָּרוּךְ מָרְדְּכַי הַיְּהוּדִי.
אֲרוּרָה זֶרֶשׁ אֵשֶׁת מַפְחִידִי
בְּרוּכָה אֶסְתֵּר בַּעֲדִי.
אֲרוּרִים כָּל הָרְשָׁעִים
בְּרוּכִים כָּל יִשְׂרָאֵל
וְגַם חַרְבוֹנָה זָכוּר לַטּוֹב.

Le lis de Jacob fut pénétré de joie et de bonheur
quand, ensemble, ils virent Mardochée vêtu du bleu royal.
Tu as été leur salut éternel,
leur espoir à chaque génération ;
pour qu'on sache que tous ceux qui mettent leur espoir en Toi,
n'en auront jamais honte,
tous ceux qui Te font confiance ne seront jamais humiliés.
Maudit soit Haman qui a cherché à me détruire.
Béni soit Mardochée le Juif.
Maudite soit Zérech, femme de celui qui m'a terrifié.
Bénie soit Esther qui m'a sauvé [par ses actes].
Maudits soient tous les méchants ; béni soit tout Israël.
Et qu'on se souvienne aussi de 'Harvona avec bienveillance.

Spécialistes
Professeure émérite Adele Berlin
Professeur Yigal Levin
Ronen Elgavish

Conseillers
Rabbi Moshe Berger
Kate Davis
Allyson Gronowitz
Kylie Ora Lobell
Dave Matkowsky

Remerciements particuliers
Jennifer & Grant Dinner
Erez, Lena, May & Aviv Zadok
Rabbi Yehuda Landy
Dr. Erica Brown
Jack Mahan
Lisa Klink
Masha Wiesel
Laurie Pinchot

À mon mari,
Shahar Tamir
pour ses encouragements
perpetuels
Et à ma famille -
Miri et Peter, Daffi et Gideon,
Udi et Daniela
- pour sa patience
—Yael

À ma femme et *malka* Amy
Et à mon "groupe de discussion"
Ashira, Eliana, Noam & Ori

Dédié à la mémoire chérie de
Marifran & Denny O'Neil,
qui ont permis à mon judaïsme
de devenir mon superpouvoir.
—Gorf

Remerciements

Binyomin, Tzvi, Esther, Chaim, Meir, Shira & Shlomo Ginzberg • Shawni Modrell-Astrof & Jeff Astrof • Rabbi Binyomin Blau • Dr. Yael & Jeffrey Halaas • Rebecca & David Kekst & Famille • Ronnie Buchman & Andrew Schonzeit • Hindy & Ruby Taub • Ronalee & Russell Galbut • Miriam & Jerry Goldstein • Dana & Joel Gorfinkel • Batsheva & Sheldon Kasdan • Teri & Dr. Jeffrey Lautman • Daniel Lobell • Debi Pomerantz & Michael Mendelson • Ceil & David Olivestone • Jesse Orenshein • Debbie & Avner Parnes • Shari & Shep Rosenman • David Schwarcz • La Troika : Scott Peterson & Darren Vincenzo • Sean Altman • AJ Frost • Lynn Johnston • Charles Kochman • Jud Meyers • Aaron Sowd • Fabrice Sapolsky • Jeff Thacher • Jason Dravis • Limmud UK • NSN : Le Nachum Segal Network • La gazette « New Jersey Jewish Link » • Paul Levitz; Mike Carlin; Mark Chiarello; et Dick Giordano et Archie Goodwin of blessed memory • Les innombrables communautés à travers le monde qui ont animé les présentations et les programmes de JewishCartoon.

Hakarath Hatov aux conjoint(e)s et aux enfants Gorfinkel, Nathan & Ginzberg pour leur soutien au long d'interminables journées et nuits blanches.

À Koren, un remerciement particulier à Matthew Miller, Yehoshua Miller, Daniel Rose, Tani Bayer, Jessica Sacks, Aryeh Grossman, Ashirah Firszt, Alex Drucker, Tomi Mager, Shlomo Peterseil, Eliyahu Misgav, Shari Fisch, Ita Olesker, Efrat Gross, Gabi Rosenthal, l'inimitable Caryn Meltz, et l'incomparable Gila Chitiz.

Nos excuses sincères à ceux que nous aurions pu omettre par inadvertance ; nous apprécions toutes corrections pour de futures éditions.

JEWISH CARTOON .com

Jordan B. Gorfinkel « Gorf »
Scénariste, Auteur & Réalisateur

Yael Nathan
Dessinatrice

Rob Leigh
Lettreur

Tzipora Ginzberg
Rédactrice en Chef
Conception & Production

Rabbi Dr. Moshe Cohn
Rédacteur indépendant

Dario Brabo
Eduardo Vienna
Scénographie supplémentaire

Nekori Ben Dor
Shani Grim
Coloriste

Hagai Itzhaki
Prévisualisation 3D du Palais
Scénographie supplémentaire

Lise Benkemoun
Éditrice de ligne pour édition française

Tzvi Ginzberg
Rédacteur adjoint

Ashira Gorfinkel
Eliana Gorfinkel
Assistance rédactionnelle

Ari Gurvich
Stagiaire

Remerciements particuliers à Rick Burchett & Wayne Faucher pour les illustrations supplémentaires

KOREN

Caryn Meltz
Chef de projet

Gila Chitiz
Directrice de la rédaction

Lübba Wintzer
Traductrice

Tomi Mager
Composition typographique hébreu

Véronique Perl
Correctrice

Rabbi Dr. Daniel Rose
Directeur pédagogique

Tani Bayer
Directrice artistique

L'« artiste surperformant » (*Atlantic Monthly*) **JORDAN B. GORFINKEL**, alias « Gorf », a été rédacteur en chef chez DC Comics où il a dirigé la franchise des bandes dessinées Batman et travaillé sur des romans graphiques et des productions musicales et multimédia (www.gorfy.com).

Dans son studio, Avalanche Comics Entertainment, Gorf utilise la mise en récit (storytelling) pour développer l'image de marque de grandes entreprises et produire des contenus de divertissement pour des entreprises de divertissement (telle que LinkedIn). Il anime des ateliers pour aider à la formulation de messages clairs, concis et créatifs.

Il est l'illustrateur de la bande dessinée hebdomadaire @JewishCartoon (à suivre sur Instagram, Facebook, TikTok et Twitter).

Dans le domaine de la musique juive, il est un pionnier du chant juif a cappella (www.KolZimra.com, www.YStuds.com) et a produit la musique et les vidéos de l'événement All-Jewish-Star pour l'association caritative « Voices For Israel ».

Gorf est chercheur en résidence et visite synagogues, camps de vacances et communautés dans le monde entier. Ses ateliers dynamiques et séminaires interactifs pour JewishCartoon attirent un public de tout âge et de tout milieu par leur message stimulant : *Faites de votre judaïsme un superpouvoir !*

INVITEZ GORF DANS VOTRE COMMUNAUTÉ !
Pour vous faire une idée de son travail et plus d'information, veuillez visiter : www.JewishCartoon.com.

YAEL NATHAN est dessinatrice et illustratrice de bandes-dessinées. Après obtention de son diplôme de l'école des beaux-arts Bezalel en 2002, Yael a travaillé en tant que conceptrice de personnages pour un studio de cinéma américain situé en Israël. Par la suite, elle a dirigé une équipe de concepteurs et d'animateurs au Centre R&D Samsung Research en Israël.

En 2015, avec l'écrivain Ehud Lavski, Yael a lancé une série de webcomics (elcomics.net) qui, devenue virale, a dépassé les vingt millions de vues, de j'aime et de partages. Les bandes dessinées ont été regroupées et publiées dans un livre financé par Kickstarter. Les fonds ont été collectés en une seule journée, la collecte dépassant de plus de quatre fois le budget initial..

À la suite de ce succès, Yael a travaillé avec la maison d'édition de bandes-dessinées IDW sur la série Star Wars Aventures de Disney et conçu plusieurs couvertures pour la série *Star Wars : La Haute République* de Disney. Aujourd'hui, elle collabore avec des maisons d'édition de bandes dessinées dans le monde entier.

KOREN JERUSALEM